完全図解版

税務署員だけのヒミツの節税術

あらゆる領収書は経費で落とせる

大村大次郎
Omura Ojiro

確定申告編

ビジネス社

はじめに

筆者は、元国税調査官です。国税調査官は、企業や市民のところへ行き、キチンと税務申告をしているかをチェックします。その仕事をしている中で、あることに気づきました。

日本人の多くは、日本の税金制度というのは、しっかりとした仕組みを持っているものだと勘違いしているということです。

しかし税金には、是なのか非なのか明確なルールのない、白黒がはっきりとつけられないグレーゾーンがいくつもあります。

そのため、納めなくてもいい税金を納めてしまうことのないよう、経理や税金に関して知ることは大事です。

私は、現在の日本の税制に疑問を感じています。たとえば名目上は金持ちの税負担は高くなっていますが、実質的には庶民よりも金持ちのほうが安くなるという逆転の現象が起きています。そのような不公平極まりないものにもかかわらず、税務署は時折、グレーゾーンに自分本位の解釈を押し付けて、多くの税を取られている中小企業や個人事業者、サラリーマンなどに税金を納めるようにと言うことがあるのです。しかし納税者はそれを知らずに、税務署の言うままに従っています。

そのため私は、「今の日本では、できる限り税金は払わないほうがいい」という考えのもと、合法的なギリギリの節税手段をご提示してきました。本書もその1つです。**本書では、主に個人事業者やフリーランサーを対象として、節税方法、確定申告の実践的な情報をお伝えします**。本書内で記す「個人事業者」という表記の中には「フリーランサー」も含まれていると思ってください。

実は、確定申告を上手にやると、税金を減らすことができます。しかし世間では、確定申告について本当に実践的な情報はあまり流れていません。また、サラリーマンにも役立つ情報もたくさん載せています。サラリーマンの方は税金に関してあきらめきっている感がありますが、サラリーマンでも節税のやり方はけっこうあるのです。

そのような、〝誰でも知っていれば役に立つ方法〟をご紹介していきます。

著者

本書は2012年12月7日に中央公論新社から刊行された『税務署員のヒミツの節税術～あらゆる領収書は経費で落とせる【確定申告編】』の図解版です。

第1章 確定申告のキホン

第2章

節税ポイント❶「所得控除」をめいっぱい活用する

第3章

節税ポイント❷ どれだけ積み上げられるかが決め手「経費を増やす」

第4章

税金を劇的に安くする節税アイテムを使いこなす

節税ポイント❸

第5章

自分でできる！確定申告の書き方ガイド

COLUMN 税務署にだまされるな！

編集協力／船井かおり
有馬税務会計事務所

第1章

確定申告のキホン

そもそも確定申告とは何か？

確定申告とは「所得税」の申告

個人事業者にとって年末は大切な意味があります。その年の1月1日から12月31日までの帳簿を締めて、翌年3月15日までの「確定申告」に向けて準備をしなければならないからです。

確定申告とは、簡単に言えば、「〝所得税〟を納めるための申告」です。個人事業者は所得に対して、主に「所得税」と「住民税」という税金が課されます（規模が大きい場合は「消費税」と「個人事業税」も課されます）（図1）。確定申告で個人事業者が申告するのは、「所得税」です。「所得税」とは、個人事業者が働いて得た所得に対して課される国税のことをいいます。所得税をいくら国に納める必要があるのかを算出し、税務署へ確定申告書を提出する手続きが確定申告です。簡単にいうと、「私は昨年これだけ稼ぎましたので、これだけの所得税を納めます」と、公的機関に申告するということです。

個人事業者の場合、自分で事業の所得税を算出して申告しなければなりません（住民税は確定申告をすれば自動的に決まり、都道府県や市区町村から納付額が通知されてくるため申告の必要はありません）。確定申告の申告期間は原則2月16日から3月15日。申告義務のある人が確定申告をしないまま放っておくと、本来納めるべき税金に「加算税」や「延滞税」などのペナルティがプラスされて納税金額が高くなってしまいます。

納めすぎた税金が返ってくる「還付申告」

この「確定申告」をするにあたって、案外知られていないことがあります。「還付申告」です。

還付申告とは、たとえば確定申告書を提出する義務のない人でも、給与等から源泉徴収された所得税額などが多く、税金を納めすぎてしまった場合に、確定申告を行うことによって、納めすぎた所得税の還付を受けることができる制度です。

「還付申告」は確定申告期間内に申告しなくても、1月1日から5年間であれば申告が可能です。

確定申告の基本①

図1 個人事業者に課せられる税金は主に５種類

確定申告時に納税する

所得税
収入から経費を差し引いた所得に対してかかる税金で、国に納めます。税額が大きくなるため、経費や控除で所得を少なくすることができれば大きな節税効果があります

消費税
2年前の売上または1年前の1～6月の売上が課税所得1,000万円を超える個人事業者は、消費税を支払う義務があります

復興特別所得税
東日本大震災からの復興施策に使われる税金。平成49年(2037年)まで

確定申告後に通知される

住民税
申告した所得に対して課税。住所がある区域の都道府県・市区町村から税額の通知があります

個人事業税
事業の種類によって納める必要がある地方税。事務所や店舗を構えている都道府県に納めます。所得に応じて課税されますが、申告の必要はありません

所得税の確定申告期間
毎年2月16日～3月15日頃
消費税の確定申告期間
毎年1月1日～3月31日頃

図2 確定申告と還付申告の違いとスケジュール

確定申告

■税金を納める
■申請期限：基本的に2月16日から3月15日まで

※申告期限日が土曜日の場合は翌々日、日曜日や祝日の場合は翌日となります

還付申告

■税金が還付される
■申請期限：1月1日から5年間可能

※2018年分の申告をするとしたら、2019年1月1日～2023年12月31日まで申告可能

1. 必要書類の準備
2. 確定申告書の準備
3. 確定申告書の作成
4. 確定申告書の提出
5. 納税又は還付を受ける

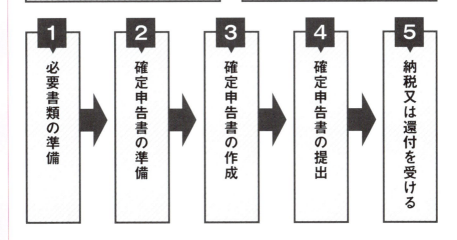

「所得税」「住民税」の計算

「所得税」は、どう決まるのか？

個人事業者が支払う所得税と住民税は、その年（1月1日～12月31日まで）の利益（事業所得）に対してかかってきます。個人事業者の所得税は、図3の式で算出されます。

まず、事業の売上から経費を差し引いて「利益（事業所得）」を算出します。事業所得から扶養控除などの所得控除を差し引き「課税所得」を算出し、課税所得に所得税の税率をかけて控除額を差し引いたものが、納付すべき「所得税」となります。所得税の税率は課税所得の額によって変わってきます。

簡単に示せば、次のような算式になります。

（売上－経費－所得控除）×所得税率－控除
＝個人事業者の所得税

たとえば、売上1000万円、経費500万円の個人事業者がいたとします。利益（事業所得）は500万円ですね。そしてこの人の所得控除合計が300万円だったとします。するとこの人の課税される所得は200万円となります。この課税標準の200万円に所得税率をかけて、控除額を引きます。課税される所得が200万円の人は、税率が10％で控除額は9万7500円ですので、次のような計算になります。

課税される所得200万円×税率10％－9万7500円＝所得税10万2500円。つまり、10万2500円が所得税になるというわけです。

「住民税」の算出方法

住民税は、「課税所得」に10％をかけたものです。

課税される所得×10％＝住民税

課税される所得の計算の仕方は、厳密には所得税と少し異なりますが、だいたいこの方法で算出されると思っていいでしょう。

だからこの人の場合は、所得税と住民税を合わせると、およそ30万円を支払うことになります。

確定申告の基本②

図3 個人事業者の「所得税」「住民税」計算方法

「所得税」の計算方法

売上 － 経費 ＝ 利益（事業所得）

利益（事業所得） － さまざまな控除（所得控除） ＝ 課税される所得（課税標準額）

課税される所得（課税標準額） × 所得税率 － 控除額

＝ 個人事業者の所得税

図4に記載

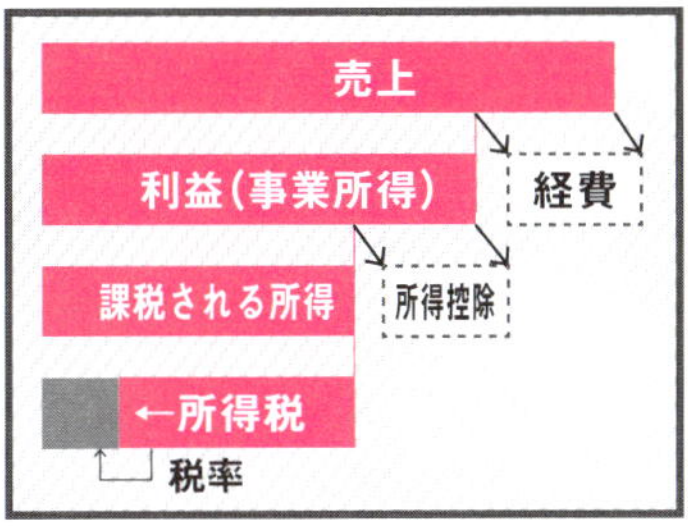

「住民税」の計算方法

課税される所得（課税標準額） × 10% ＝ 住民税

図4 所得税の税率と控除額

課税される所得金額	税率	控除額
195万円以下	5%	－
195万円を超え330万円以下	10%	9万7,500円
330万円を超え695万円以下	20%	42万7,500円
695万円を超え900万円以下	23%	63万6,000円
900万円を超え1,800万円以下	33%	153万6,000円
1,800万円を超え4,000万円以下	40%	279万6,000円
4,000万円超	45%	479万6,000円

図5 住民税の税率

個人の住民税課税所得	一律
税率	10%
うち道府県民税	4%
うち市町村民税	6%

例 売上が1,000万円、経費が500万円、所得控除合計が300万円の場合の「所得税」と「住民税」

所得税の計算

- 売上 1,000万円 － 経費 500万円 ＝ 利益（事業所得） 500万円
- 利益（事業所得） 500万円 － 所得控除 300万円
  ＝ 課税される所得（課税標準額） 200万円
- 課税される所得（課税標準額） 200万円 × 税率 10%
  － 控除額 9万7500円
  ＝ 所得税 10万2500円　この場合、10万2500円が所得税の額となります。

住民税の計算

- 課税される所得（課税標準額） 200万円 × 税率 10%
  ＝ 住民税 20万円　この場合、20万円が住民税の額となります。

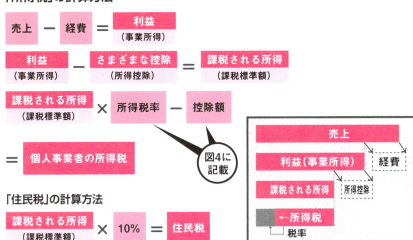

個人事業と会社の違い

会社と個人事業の税金の違い

本書は個人事業者を主な対象として節税術をお伝えしていきますが、会社と個人事業の違いは何かわかりますか？「自分1人でやっているような規模の小さい事業が個人事業。人をたくさん雇ったり、大きな規模でやるのが会社だろう？」と思っている方も多いようですが、違います。たとえば、従業員が100人以上いる製造工場でも個人事業のところもありますし、逆におばあさんがたった1人でやっているタバコ店が会社だということもあります。

会社と個人事業の違いは、実は「法人登記をしているかどうか」だけなのです。

ただ、申請した書類が違うだけですが、税金制度はまったく違います。

たとえば同じような飲食店を営んでいる二者がいたとします。一方は会社組織で、もう一方は個人事業です。前者は、「法人税」「法人住民税」「法人事業税」などを払わなくてはいけません。後者は、「所得税」、「住民税」などを払わなくてはなりません。この法人税と所得税は、税率や計算方法が違います。だから同じ利益が出ていても税金額はかなり異なることになります。会社の税金はざっくりというと、このように算出します（図6）。

（売上－経費）×法人税率＝法人税

これだけ見ると個人事業者と同じように単純です（図6）。ただ、会社の税金で面倒なのは、社長の収入と会社の収入は分けて考えなくてはならないということです。個人事業者の場合は売上から経費を差し引いた残高全部がその人の収入として計算されます。

しかし会社の場合は、**会社の利益は会社のものであり、法人税が課せられます**。そして経営者は会社から報酬をもらう「給与所得者」になるので、社長の税金は給与所得者として所得税が源泉徴収されるのです。**だから会社は法人税と法人住民税、法人事業税を払った上に、経営者は個人としても所得税、住民税をとられる**ことになります（図7）。

個人事業と会社の税金比較

図 6 会社は法人税のほかにも税金をとられる

会社の税金計算

売上 ー 経費 × 法人税率 ＝ 法人税

会社の場合、社長も会社から報酬をもらう給与所得者となります。
そのため、個人事業者と違い、会社の利益は経営者の収入とはなりません。

会社の利益 ≠ 経営者の収入

会社の場合は、法人税以外にも税金がとられる

・会社に課せられる税金　法人税 & 法人住民税 & 法人事業税

・経営者個人に課せられる税金　個人の所得税 & 個人の住民税

さらに、税理士への依頼、登記費用、会社の維持費なども必要となります。

図 7 個人事業者と会社の税金の仕組み

個人事業者の場合

法人の場合

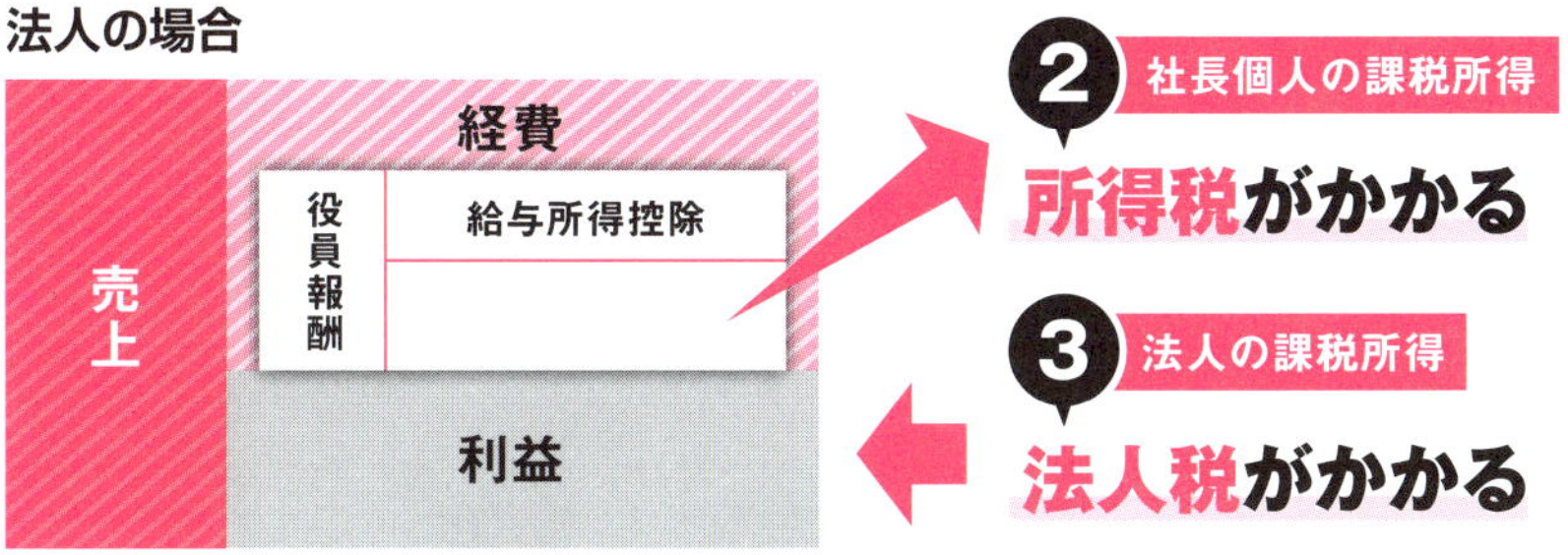

＊個人事業者の場合は、売上から経費を引いた残りすべてに課税されますが、会社の場合は、社長の給料（役員報酬）自体も経費化できます。社長の給料そのものにも給与所得控除(経費)が認められるため、法人全体にかかる課税所得を下げることができます。つまり、(1)個人の課税所得が、(2)社長個人の課税所得＋(3)法人の課税所得よりも多い場合は、会社のほうが得だということになります。

会社と個人事業、どちらがオトク？

会社には節税策がたくさんある

世間では「会社をつくれば税金が安くなる」といわれます。

でも本当に会社をつくったら税金が安くなるのでしょうか？　実は、会社をつくっても一概に税金が安くなるとはいえません。

会社をつくったときに受けるもっとも大きなメリットは、配偶者や親族を社員にして会社の利益を給料として出して、自分の収入を分散することです。

しかし、デメリットもあります。会社をつくる場合、経理初心者では到底成り立ちませんので、経理に自信がなければ税理士に頼まなくてはいけません。税理士に頼めば最低でも年に10万円は必要ですし、経理全般を見てもらうならば30万円以上は必要になります。また登記費用もかかります。一方、個人事業の場合は、経理に関してはさほど大変ではありませんし、登記費用などもほとんど必要ありません。

会社は個人事業よりも税率が高い

そして会社というのは、個人事業よりも税率が高いのです。個人事業の所得税は、所得が195万円までは5%、330万円までは10%で済みます。しかし会社の場合は最低でも税率15%からスタートします。利益が1万円であっても15%の法人税がかかります（図8）。

会社というのは節税策がたくさんあるので、方法によっては個人事業よりも税金を安くすることはできます。しかし、それは会社として経理などがきちんと整っていた場合のことです。帳簿類が整理され、さまざまな節税策が講じられたときに、はじめて「会社のほうが税金は安くなる」となります。

ですから私は、最初は個人事業で始めて、事業が軌道に乗って売上や利益が相当な額（最低でも売上1000万円以上、所得400万円以上）くらいになったときに、会社にしたほうがいいと考えています。

個人事業者と会社経営者が支払う税金内容の比較

図8 個人事業と法人の税金の違い

個人事業者			法人		
	課税される所得金額	税率		課税される所得金額	税率
所得税	195万円以下	5%	法人税	800万円以下	19% (15%)*1
	195万円超330万円以下	10%		800万円超	23.2% (23.4%)*2
	330万円超695万円以下	20%			
	695万円超900万円以下	23%			
	900万円超1,800万円以下	33%			
	1,800万円超4,000万円以下	40%			
個人事業税	事業の種類によって納める必要があります 課税所得の約3〜5%		法人事業税	所得に応じて変わりますが 課税所得の約5〜9%	
個人住民税	所得に応じて変わりますが 課税所得の約10%＋4,000円		法人住民税	法人税、自治体によって異なりますが、法人税額の約17.3%＋7万円	

＊1 平成31年4月までの間に開始の事業年度に適用
＊2 平成28年4月から平成30年4月までの間に開始の事業年度に適用

◇会社経営者の場合
法人にかかる税金とは別に、役員報酬として自分に給料を払った額に応じて「所得税」「個人住民税」が課せられます。その場合の税率は個人事業者と同様

図9 個人事業と法人の基本的な違い

	個人事業者	法人
開業・設立手続き	設立登記不要・簡易手続き	設立登記必要・手続き煩雑
設立費用	不要	25万円程度
資本金	不要	1円以上
赤字	赤字の繰越は３年間	欠損金の繰越は10年間
給与所得控除	代表者は事業所得者のため給与所得控除なし	代表者の給与所得から、給与所得控除を差し引いた金額が課税対象
消費税	前々年の課税売上高が1,000万円を超えていれば納税義務	期首資本金が1,000万円未満なら、第1期、第2期は原則、免税
交際費	制限なし	一部制限あり
経営者の給与	経費にならない	経費になる
家族従業員への給与	税務署へあらかじめ給与額の届け出が必要	基本的に毎月一定の給与額なら、届出不要で損金算入可。配偶者控除、扶養控除は収入が低ければOK

確定申告のキホン

もし故意に不正の申告をしたらどうなる？

会計とは「いかに金を残すか」「いかに金を使うか」

税金を安くしようというとき、「売上を少なく計上する」と考える人もいます。これから、きわどい節税方法をご紹介していくのに、こんなことを言うのもなんですが、これは絶対にしてはいけません。売上を抜くことは、リスクが非常に高いのです。

確定申告の間違いには、2種類あります。

「うっかりミス」か「故意に不正の申告」をするものです。同じ間違いであっても両者の税務上の扱いはまったく異なってきます。

「うっかりミス」の場合は、追徴税が10％増しになるだけで済みます。しかし「故意に不正の申告」をした場合は、追徴税が35％増しになり、しかも額が大きければ脱税として起訴され、刑事罰をうけることもあるのです。

売上を抜くということは、もちろん「故意に不正の申告をした」とみなされます。そんなおおごとになったら大変ですよね？

絶対に売上を抜いてはダメ！

税務署では、日々さまざまな情報を収集しています。たとえばフリーライターは、出版社から報酬や印税をもらうときには源泉徴収票が発行されますが、この写しは税務署に提出されます。また税務署はいろいろなところに税務調査に行き、その際に無作為に大量の領収書をコピーします。だから、あなたの発行した領収書も税務署の手に回っているかもしれません。

さらに税務署は銀行に時折調査に行きます。そこで、さまざまな人の口座を勝手にのぞき込んで、だれの口座にどれだけの振込があるかを資料化しています。要するに、あなたが「わからないだろう」と思っていても、税務署はあなたの情報を把握しているかもしれないのです。

もし売上を抜いていることが税務署にわかった場合、少額でも、税務署は必ずあなたのところに税務調査にきます。そして数日間根掘り葉掘り聞かれ、帳簿を調べられた上に、がっぽりと追徴税を取って行きます。

知らなかったでは済まない税金のペナルティ

図10 税務調査の主なペナルティ一覧

こんなときにはこんなペナルティーが科されます！

申告内容が過少だった場合 → 過少申告加算税
申告期限までに申告をしなかった場合 → 無申告加算税
仮装隠蔽があった場合 → 重加算税
納付期限までに納付をしなかった場合 → 不納付加算税、延滞税

加算税	概要	加算税率	備考	国通法
過少申告加算税	調査通知前に自主的に修正申告した場合	なし		第65条
	期限内申告について、修正申告・更正があったとき	10%	納税額のうち、当初納税額と50万円とのいずれか多い金額までの部分	
		15%	納税額のうち、当初納税額と50万円とのいずれか多い金額を超える部分	
無申告加算税	調査通知前に自主的に期限後申告をした場合	5%	正当な理由があると認められる場合も同様	第66条
	期限後申告・決定等があったとき	15%	納税額のうち、50万円までの部分	
		20%	納税額のうち、50万円を超える部分	
不納付加算税	源泉所得税が納付期限までに納付されなかった場合	5%	納税告知前に自主的に納税した場合	第67条
		10%	正当な理由があると認められる場合は課さない	
重加算税	仮装隠蔽している事実があった場合	35%	過少申告加算税または不納付加算税に代えて課す場合	第68条
		40%	無申告加算税に代えて課す場合	
延滞税	申告納付期限までに完納しなかった場合	7.3%	納期期限後2カ月以内	第60条
		14.6%	上記以降	

過少申告加算税：納税額が本来の税額よりも過少で追加の税金が発生した

無申告加算税：定められた期限内に確定申告をしなかった

申告内容に不正が認められた

例

①税金100万円の申告漏れ。期限内申告で修正申告・更正があった場合
➡過少申告加算税
100万円＋（100万円×10%）＝110万円

追徴税は10万円！

②水増しして100万円の税金をごまかした場合
➡重加算税
100万円＋（100万円×35%）＝135万円

追徴税は35万円！

確定申告のキホン

個人事業者とサラリーマンの違い

サラリーマンも確定申告で節税できる

個人事業者は1年分の売上や経費を計算して、自分で所得税や住民税、場合によれば事業税を確定申告します。その確定申告の際に、さまざまな節税の余地があります。

一方、会社に勤めているサラリーマンは、会社が毎月の給与から所得税を天引きして、源泉徴収して、年末に1年分の税金をまとめて「年末調整」をしてくれるため、大半の人は個人で確定申告する必要はありません。そのため節税の余地がないと思われがちですが、実際はそんなことはありません。

サラリーマンでも税金が安くなる手段は多くあり、本当は節税になるのに、みすみすそのチャンスを逃している方もたくさんいます。

個人事業者とサラリーマンには、どのような節税方法があるかをご紹介します。個人事業者とサラリーマンの税金の種類や納税方法の違いは図にあるとおりです（図11）。

こんな人は、確定申告をしたほうがいい

基本的に確定申告が必要な人は自営業者ですが、サラリーマンでも確定申告が必要な人がいます。それは、**年間の給与すべてを合わせた額が2000万円以上の人、株式の配当で得た収入や不動産の家賃収入などの合計額が20万円を超える人、給与所得、退職所得を除く所得の合計が20万円を超える人、2社以上から給与をもらっている人、勤務先が年末調整を行なっていない人**などです。

また、次のような人も確定申告したほうがいいです。**ふるさと納税を行った人、災害にあった人、公的機関に寄付をした人、医療費を使った人**。

こうなると、自分にも当てはまるというサラリーマンが増えるのではないでしょうか。確定申告をすることでいくらかのお金が返ってくるケースがほとんどです。本来返ってくるはずのお金を受け取るためにも、本書で後述する節税術をお読みいただき、きちんと確定申告をしましょう。

こんなに違う納税システム

図11 個人事業者とサラリーマンの納税方法の違い

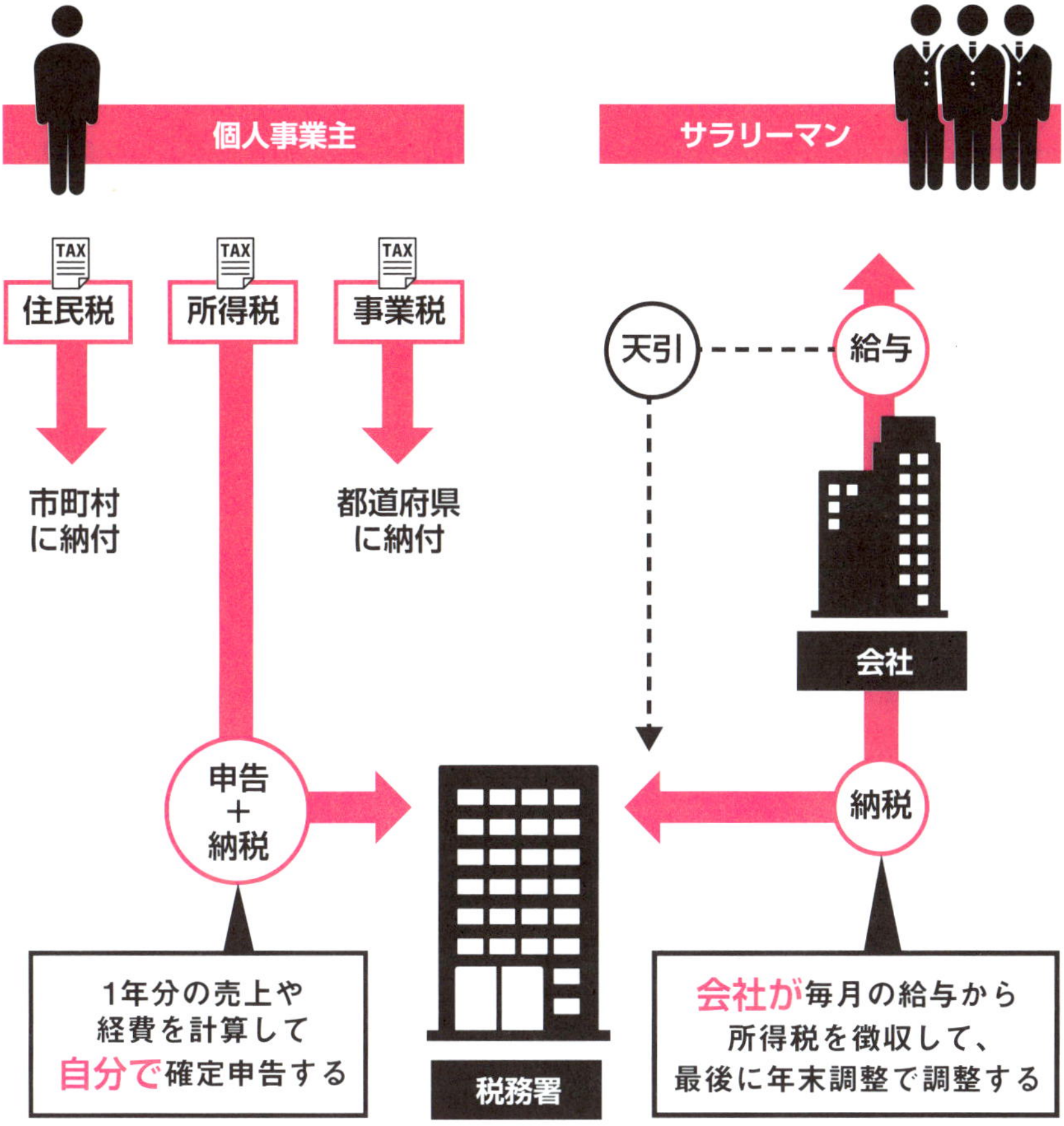

	個人事業者	会社員
課税対象	所得 (売上ー経費ー さまざまな所得控除)	給与所得 (給料ー給与所得控除ー さまざまな所得控除)
所得税	前年1年分の確定申告をして、税務署へ納税	会社が毎月の給料から源泉徴収して、年末調整で過不足を精算します
住民税	前年の確定申告書をもとに算定され、納付書が送られてきます	会社が前年の給与所得をもとに計算して、翌年の給与から天引きします

個人事業者とサラリーマンの節税ポイント

税金を安くする仕組みとは？

税金を安くするというと、経費をなるべく多く計上することで事業の利益を減らすことをイメージされると思います。しかし、所得税を安くする方法は、それだけではありません。所得税というのは、次のように算出されます。

課税される所得（税金のかかる所得）**×税率ー控除額＝所得税**

この図式を見ていただければわかるように、税金は課税される所得に税率をかけたものです。だから課税所得を減らせば節税ができます。では減らすにはどうすればいいでしょうか？　個人事業者とサラリーマンの課税所得は、次のような算式で求められます。

・個人事業者の場合：**売上ー経費ーさまざまな所得控除＝課税される所得**（税金のかかる所得）

・サラリーマンの場合：**給料ー給与所得控除ーさまざまな所得控除＝課税される所得**（税金のかかる所得）

見ていただくと、よく似ていると思いませんか。ただサラリーマンの税金は基本的に会社が調整しているため、個人事業者よりは融通の効く範囲は狭まります。

個人事業者とサラリーマンにおすすめの節税術

個人事業者の節税ポイントは、主に3つあります。（1）「所得控除を増やす」、（2）「経費を増やす」、（3）国民年金や共済、減価償却などといった「特別制度をいかした節税」です。

サラリーマンの節税方法は、個人事業者の節税ポイント（1）と同様の「所得控除を増やす」です。自分の意思で所得控除を増やせば、課税所得を減らすことができ、税金を安くすることができるわけです。

本書では、節税ポイントを順に説明していきますので、ぜひサラリーマンの方は節税ポイント①をチェックしてください。

その前に、サラリーマンの皆さんにご自身の税金状況を把握していただく説明を加えたいと思います。

Check! 確定申告の節税ポイント

個人事業主

オススメの節税ポイント

❶さまざまな所得控除を増やす ----- 第2章でご紹介!

❷経費を増やす ----- 第3章でご紹介!

❸その他の節税術をいかす ----- 第4章でご紹介!

サラリーマン

オススメの節税ポイント

❶さまざま所得控除を増やす ----- 第2章でご紹介!

図12 個人事業者の所得税計算式

売上 − 経費 − さまざまな所得控除

（この額は任意で増減可能！）

= 課税される所得（税金のかかる所得）

課税所得（税金のかかる所得） × 所得税率 − 控除額

= 個人事業者の所得税

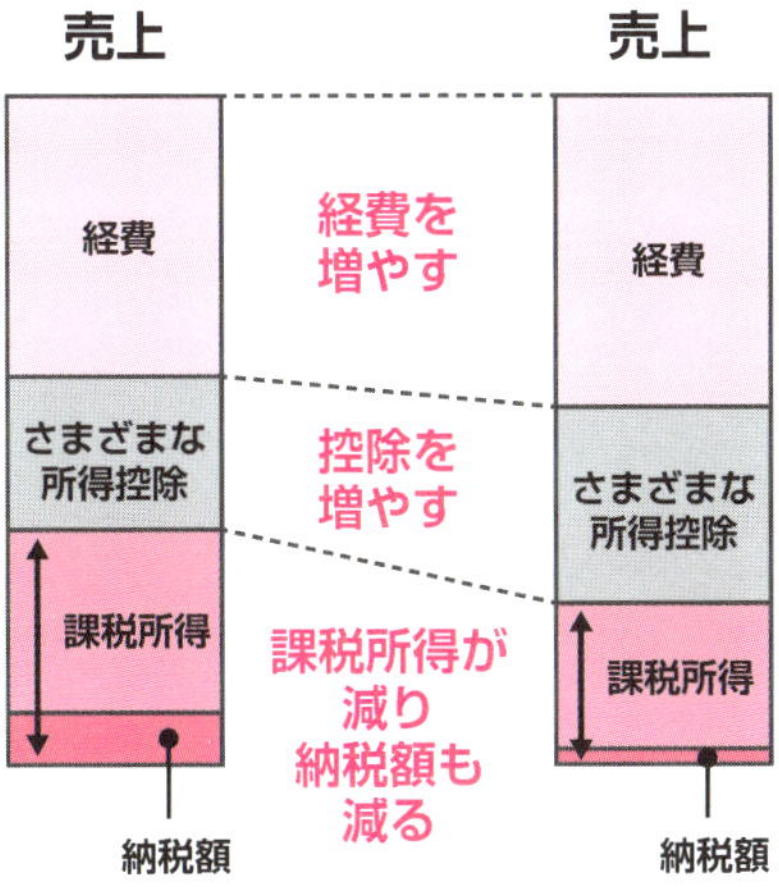

図13 サラリーマンの所得税計算式

給与 − 給与所得控除（図15参照） − さまざまな所得控除

（この額は増額可能！）

= 課税される所得（税金のかかる所得）

課税所得（税金のかかる所得） × 税率 − 控除額

（税率・控除額：P.13図4に記載（個人事業者と同様））

= サラリーマンの所得税

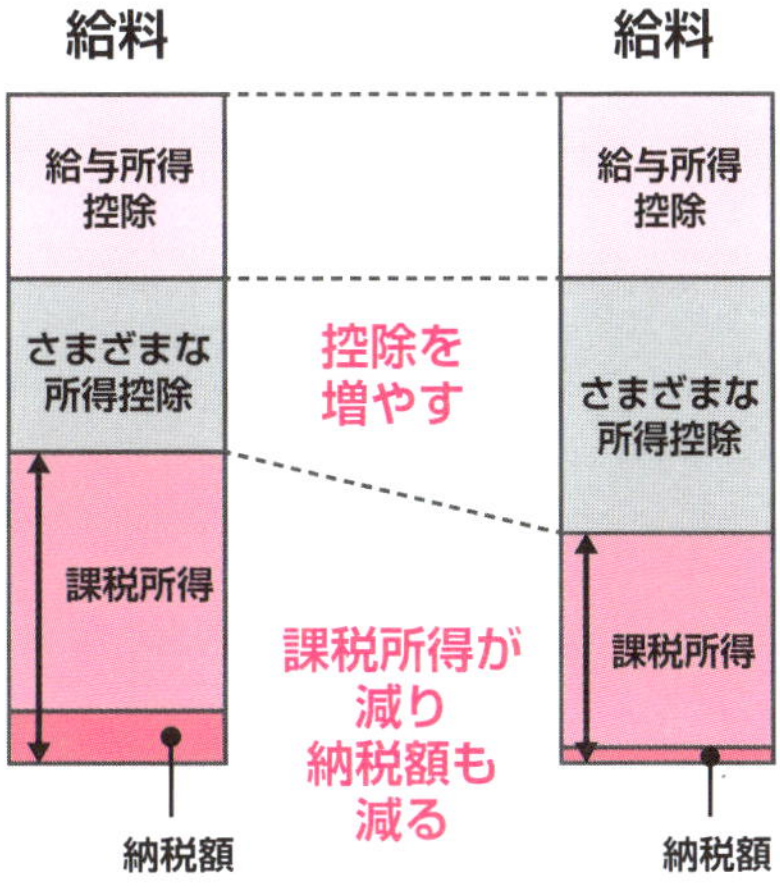

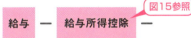

確定申告のキホン

自分がいくら税金を払っているか知っていますか？

サラリーマンは税金を払いすぎている!?

いまの日本では、サラリーマンはかなり高い税金、社会保険料を払わせられています。自分が払っている額を知れば腹がたつでしょうし、節税する気持ちになるはずです。ですが、サラリーマンの税金は基本的に会社が全部手続きをしてくれるので、自分がどのくらい税金を払っているかを把握している人は多くいません。給料は会社が増やしてくれないとどうにもなりませんが、税金は自分の意思である程度減らすことができます。まずは、一体どのくらい税金を払っているかを把握しましょう。

源泉徴収票で自分の収入と税金をチェック

サラリーマンの場合、自分の税金の情報がすべて詰め込まれている紙があります。源泉徴収票です。源泉徴収とは、給料を支払う段階で会社が税金（所得税・住民税）を差し引いて国に納めることで、源泉徴収票には収入や税金が記載されています。

支払い金額：税金や社会保険料が引かれていない、会社があなたに支払ったお金の総額。

給与所得控除後の金額：サラリーマンは支払い金額（収入）から給与所得控除が差し引かれます。給与所得控除とは、自営業者の場合は収入から経費を差し引いた残高に対して税金が課せられますが、サラリーマンは収入に直接税金が課せられるため、収入に対して差し引くことが認められた、経費的なものです（図15）。

所得控除の額の合計額：所得税、住民税には所得控除があります。扶養している配偶者がいる場合には「配偶者控除」などの控除が設けられ、所得から差し引かれます。源泉徴収税額の下の段には、所得控除の内容を記載する箇所があります。

源泉徴収税額：あなたの所得税、会社から源泉徴収された金額。

要するにサラリーマンの所得税は、「収入（支払い金額）」から「給与所得控除」と各種の「所得控除」を差し引いた金額に税率を掛けることで決まります。

源泉徴収票のキホンの見方

図14 源泉徴収票の見本

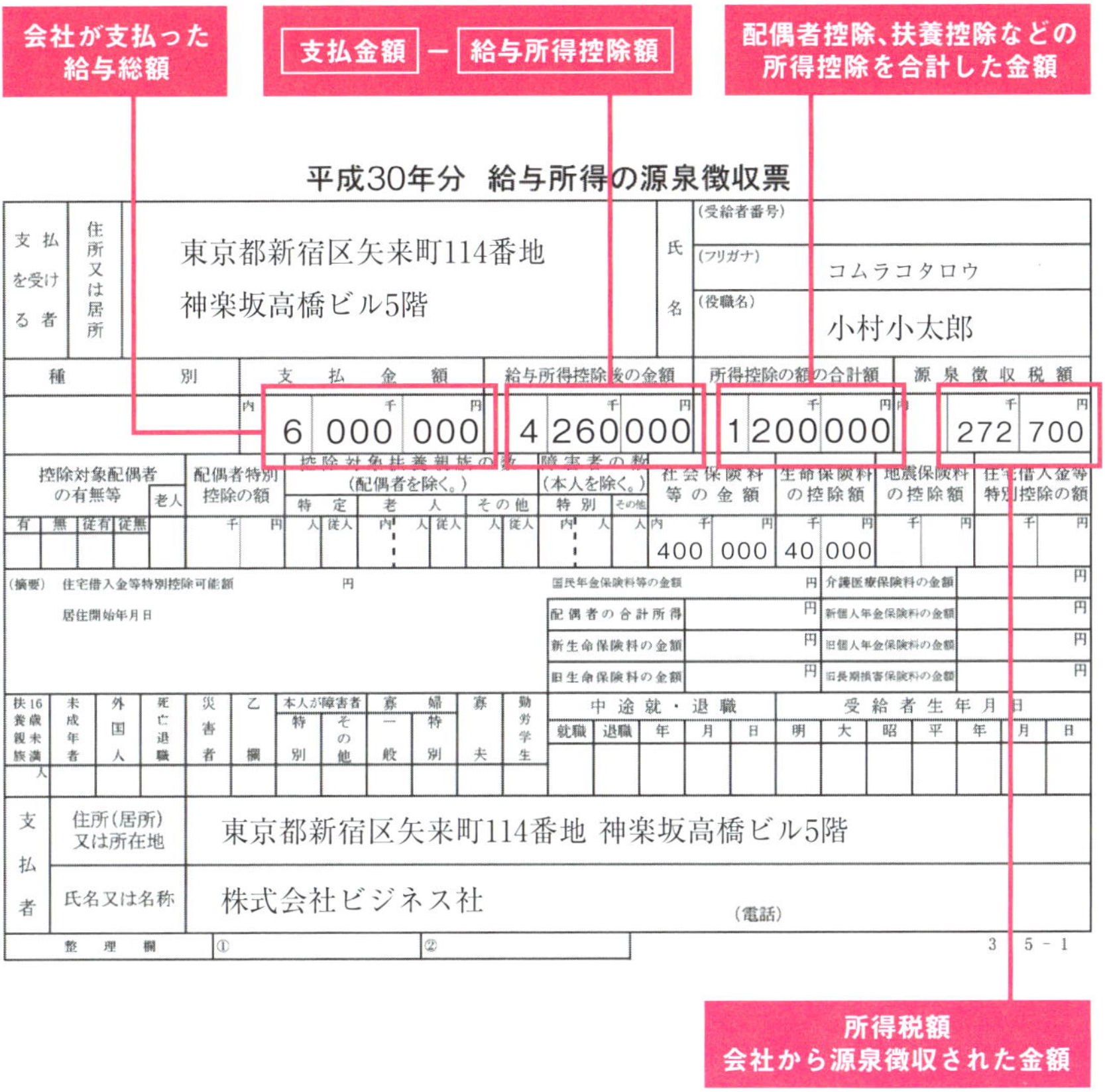

図15 給与所得控除の額の計算式

給与等の収入金額（給与所得の源泉徴収票の支払金額）	給与所得控除額
180万円以下	収入金額 × 40% 65万円に満たない場合には65万円
180万円超360万円以下	収入金額 × 30% + 18万円
360万円超660万円以下	収入金額 × 20% + 54万円
660万円超1,000万円以下	収入金額 × 10% + 120万円
1,000万円超	220万円（上限）

確定申告のキホン

サラリーマンは収入の約20%を税金に取られている!?

日本の税金は高い!?

源泉徴収票の見方を会得したところで、サラリーマンのあなたは一体いくら税金を払っているのか、具体的に説明します。

年収500万円で、妻と子供(小学一年生)を養っている人を例にとります。先に結論を申し上げます。この方の支払っている税金(所得税、住民税、社会保険料)は、100万4500円です。つまり、**収入の約20%が税金として取られている**ということです。また、この税金というのは収入から差し引かれる分だけです。これに消費税や自動車税、ガソリン税などの負担が重なることを考慮すると、**35%から40%の税金を支払っている**ことになります。日本の平均所得者の税負担というのは、実は先進国でもっとも高い部類なのです。

天引きされる所得税と住民税

サラリーマンが天引きされている税金は、所得税と住民税です。所得税は国の税金で、所得の額によって税金が上がる「累進課税」をとっています。計算式は図16のようになります。

住民税というのは、都道府県や市区町村の税金です。住民税は「所得割」と「均等割」という2つの方法で徴収されます。「所得割」とは、課税所得に対して一律10%が課せられる税金です。この10%の税金のうち、6%が市区町村に、4%が都道府県に分配されます。

住民税と所得税とでは、所得控除の額が若干違いますので注意が必要です。所得税の配偶者控除は38万円ですが、住民税の場合は33万円となります(平成30年の改正で、給与所得が1000万円を超えると、配偶者控除が受けられなくなりました)。

「均等割」とは、誰もが同額の税金を払うもので、自治体によって若干金額は違いますが、約4000~5000円です。

ご自身がどれくらい税金を納めているか理解したところで、次章から、いよいよ節税方法をお伝えします。

サラリーマンの税金計算をしてみよう！

図16

例 年収500万円で、妻と子供1人（小学生）を養っている場合

サラリーマン　所得税の計算

年収	500万円
給与所得者控除（図15参照） 配偶者控除（所得控除） 基礎控除（所得控除） 社会保険料控除（所得控除）	－154万円 －38万円 －38万円 －68万5,000円
課税所得額	201万5,000円

課税所得額		所得税税率		所得税控除額		所得税額
201万5,000円	×	10%	－	9万7,500円	＝	10万4,000円

サラリーマン　住民税の計算

年収	500万円
給与所得者控除（図15参照） 配偶者控除（所得控除） 基礎控除（所得控除） 社会保険料控除（所得控除）	－154万円 －33万円 －33万円 －68万5,000円
課税所得額	211万5,000円

課税所得額		住民税税率		所得割
211万5,000円	×	10%	＝	21万1,500円

所得割		均等割		住民税の額
21万1,500円	＋	4,000円	＝	21万5,500円

所得税	10万4,000円
住民税	21万5,500円
社会保険料	68万5,000円
合計	100万4,500円

100万4,500円も税金でとられている!!（収入の約20%）

＊サラリーマンの社会保険料の本人負担額の平均13.7%（家計調査）を用いています

税務署員はノルマに追われるセールスマンと同じ

税務署は「納税者に税金を正しく申告させるために仕事をしている」と思われがちです。ですが実際はそうではありません。

彼らの本当の目的は、**「税金をどれだけ多く納めさせるか」**なのです。OBの私が言うのだから、間違いありません。しかも、あろうことか彼らにはノルマまであります。国税当局は正式には認めていませんが、国税局（税務署も含む）の調査官には事実上のノルマがあります。「年間に何件、税務調査しなければならない」「年間にいくら以上、追徴税を稼がなくてはならない」というような数値化されたノルマです。実際に税務署の調査官というのは、追徴税をどれだけ稼ぐかで仕事が評価されます。そのため税務調査の本当の目的は、「納税者の出した申告書の不審な点を確認する」のではなく、「ノルマを達成するために追徴税を稼ぐこと」です。私が税務署員だった頃は、各人の調査実績（追徴税の額など）を表にして、職員全員が回覧していました。

だから税務署員は正義の味方ではなく、「追徴税を稼ぐ」という目的を持っていることを肝に銘じてください。

なにもかも税務署に相談するのは賢くない

税務署は毎年、確定申告の時期になると申告相談会場というのを設置します。税務署員や当番の税理士などが無料で申告書の書き方の指導などを行うのです。申告書の作成も無料でやってくれるので経理の素人としては、ここで確定申告書を作ってしまいたいという誘惑にかられるかもしれません。

しかし、税務署というのは税金をいかに取るかに執念を燃やしています。そういう人に申告書の作成を頼むと、税金が高くなる申告書になってしまいます。だから**申告書の作成を税務署員にまるまる委ねるのは得策ではありません**。だからといって税理士に頼む余裕はなく、自分で申告書を作るのは不安だという人は、収支内訳書などの基本的な資料は自分で作り、申告書の下書きもやってみることです。そして書き方がわからない部分だけを申告相談所で聞くといいのです。帳簿などの資料をなるべく持っていかなければ、税務署員は「余計な介入」をしてくることもありません。

第2章

節税ポイント❶

「所得控除」をめいっぱい活用する

ポイント❶

所得控除

個人事業者もサラリーマンも必見！自分の所得につながる「所得控除」を確認

所得控除を使えば誰でも所得税が安くなる

「所得控除」というのは、各納税者の個人的事情を加味するものです。要件に当てはまる対象となる、たとえば結婚して配偶者を扶養している人、子供が多い人などは税金を減らしてあげたり、生命保険をかけたり地震保険に入っている場合には、税金がかかる所得を減額してあげますよ、という制度です。

この**所得控除は、「事業の利益」や「サラリーマンの給与所得」から差し引くことができます**。

そのため個人事業者だけではなく、所得税を払っているサラリーマンも同じように所得控除を受けることができるのです。節税で大切なのは何といっても、自分の所得にかかる税金を少しでも抑えること。自分の収入金額から引かれる所得控除額が多いほど、支払う税金が少なくて済むのです。

「所得控除」をうまく活用することで税金はずいぶんと安くなります。**所得控除には、あまり知られていないものの、実は「使えるモノ」がたくさんあります**。使えると思う所得控除があった場合は、ぜひ使ってください。確定申告で申請すれば、思っているよりも高額な控除を受けることができる可能性がありますよ。

所得控除は14種類もある！

所得控除にはどのようなものがあるのか紹介していきます。

まずは、家族を扶養している人が受けられる「扶養控除」や「配偶者控除」。生命保険などに加入している人が受けられる「生命保険料控除」。

そのほか、支払った社会保険料の全額を控除できる「社会保険料控除」。盗難、横領により損失が生じた場合に所得金額から控除できる「雑損控除」。特定の支出が一定以上あった場合に差し引かれる、サラリーマンにも認められている「特定支出控除」などもあります（図17）。

この章では、個人事業者もサラリーマンも使える所得控除をご紹介します。

所得控除は全部で14種類。もれなく拾い出しましょう！

図17 個人事業者もサラリーマンも必見！ 使える所得控除は14種類

控除の種類	控除の概要
基礎控除 ➡26ページ	●確定申告をする、すべての納税者が対象 ●控除額は38万円
配偶者控除 ➡34ページ	●給与収入が103万円以下の配偶者（妻、夫）がいる人が対象 ●基本的な控除額は38万円（控除対象の配偶者が70歳以上の場合は48万円）
配偶者特別控除 ➡34ページ	●所得が1,000万円以下で、配偶者の収入が201万円未満の人が対象 ●配偶者の収入に応じて控除額が変わり、1～38万円までの幅がある
扶養控除 ➡32ページ	●扶養している家族（親族）がいる人が対象 ●控除額は扶養親族1人あたり38万円。19歳以上23歳未満の扶養親族は63万円、70歳以上の扶養親族は48万円、70歳以上の同居老親等で58万円。扶養対象となる親族は6親等以内の血族か3親等以内の姻族
雑損控除 ➡46ページ	●災害、盗難、横領で、生活上の資産に被害があった人が対象 ●控除額は、次のどちらか金額の多い方。「損失額ー所得金額の10分の1」もしくは「災害関連支出ー5万円」の少ないほう
医療費控除 ➡48ページ	●1年間に支払った医療費が10万円以上か所得金額の5%以上の人が対象 ●控除額は「支払った医療費ー10万円」もしくは「支払った医療費ー所得金額の5%」
社会保険料控除 ➡36ページ	●健康保険、国民年金などの社会保険料を1年間支払った人が対象 ●その金額を全額控除
生命保険料控除 ➡38ページ	●生命保険や民間の個人年金に加入している人が対象 ●一定の金額を控除
地震保険料控除 ➡42ページ	●地震、噴火のほか、津波を原因とする火災、損壊などによる損害を補う保険に加入している人が対象 ●控除額は5万円を限度に支払い保険料の全額
寄附金控除 ➡43ページ	●国や地方公共団体、認定NPO法人、学校などに寄付をした人が対象 ●「寄付金額ー2,000円」が控除額。ただし、控除の対象となる寄付は所得の40%まで
寡婦・寡夫控除 ➡42ページ	●配偶者と死別もしくは離婚して、扶養している親族や子供がいる人が対象 ●寡婦控除額は27万円。「扶養している子供がいる」「所得が500万円以下」の場合は35万円。寡夫控除は、妻と死別もしくは離婚して、扶養すべき子供がいて、所得が500万円以下の男性が受けられます。控除額は27万円
勤労学生控除 ➡43ページ	●中学、高校、大学もしくは指定された専門学校に通う勤労している学生で、年間の給料が130万円以下の人が対象 ●控除額は27万円
障害者控除 ➡43ページ	●納税者、あるいは扶養している家族が障害者の人が対象 ●控除額は障害者が27万円、特別障害者が40万円、同居特別障害者が75万円
小規模企業共済等掛金控除 ➡83～93ページ	●小規模企業共済や個人型の確定拠出年金、心身障害者扶養共済に加入している人が対象 ●掛金の全額を控除

＊条件によりすべての控除が受けられるわけではありません。「小規模企業共済等掛金控除」は、サラリーマンではなく個人事業者にオススメです（詳しくは、86ページ参照）

ポイント❶
所得控除

知られざる裏ワザがたくさんある「扶養控除」

祖父母の兄弟でも扶養に入れることができる

所得控除の中で、まず注目していただきたいのは「扶養控除」です。扶養控除は、所得が38万円以下で16歳以上の家族を養っている人が受けられる所得控除です。**扶養控除の対象となる親族は、6親等内の血族（血縁関係）、もしくは3親等内の姻族（婚姻関係）です**（図18）。つまり自分の親族であれば、いとこの子供や祖父母の兄弟でも扶養親族にすることができ、配偶者の叔父叔母でも入れることができるということです。

扶養している親族1人あたり、少なくとも38万円を所得から控除できます。38万円の所得控除というと、けっこう大きいものです。所得税率が10％の人の場合は、扶養控除1人につき3万8000円の節税になります。これに住民税の分が加わりますので、合計7万1000円の節税になります。つまり扶養控除を1人増やせば約7万円以上もの節税になるのです。

扶養控除の条件は「扶養していること」「生計を一にしていること」とされています。しかしながらこの要件には税法上明確な定義がありません。そのため、扶養しているといえる範囲はみなさんが考えている以上に、とても広いのです。

まず、「金銭的にいくら以上援助していれば扶養している」という縛りがありません。その人の生活の経済的な責任を持っていれば、それほど金銭的な援助をしていなくても扶養しているとされる場合もあります。そして、同居している家族だけが対象と思われがちですが、**別居していても経済的な後ろ盾になっている場合は扶養している**といえます。ただ、年金を除いて無収入で誰の扶養にも入っていないことが条件です。兄弟姉妹で協力して親の面倒を見ている場合は、扶養控除を使えるのは兄弟姉妹のうち1人だけです。公的年金受給者の場合、65歳以上なら年金収入が158万円以下であれば扶養に入れることができます。また、一度扶養から外れた子供（16歳以上）でも扶養していると申告できます。その親族に収入がなく、経済的な面倒を見ていれば大丈夫です。

祖父母の兄弟でも扶養の対象になる！

図18 扶養控除対象

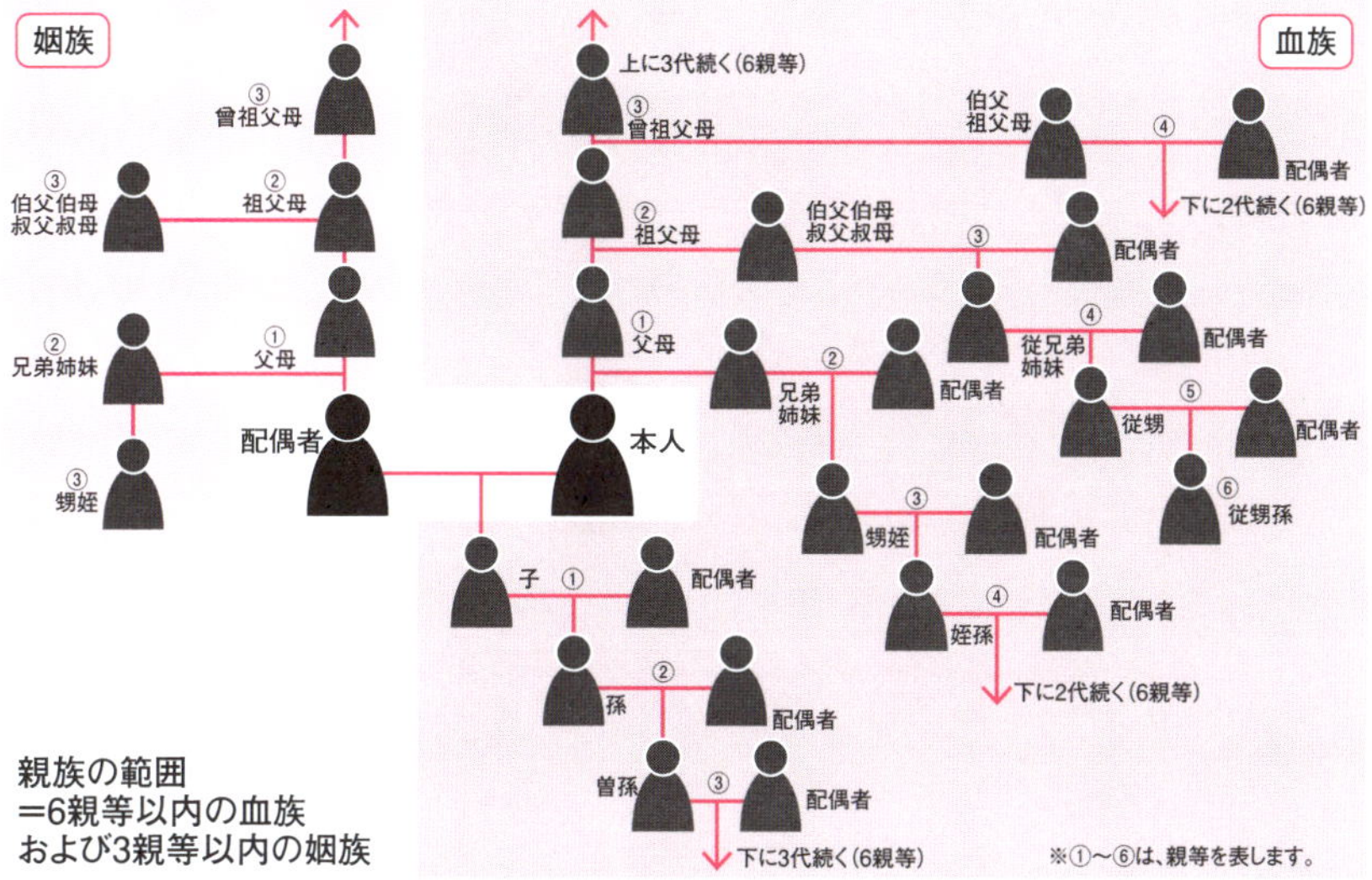

図19 年齢などにより異なる扶養控除の額

内容	年齢区分		扶養控除額
一般の控除対象扶養親族	16〜18歳または23歳〜69歳		38万円
特定扶養親族	19〜22歳		63万円
老人扶養親族	70歳以上	同居していないとき	48万円
		同居しているとき	58万円

check! 扶養の対象者

- 年間の合計所得金額が38万円以下
（時給、パート、アルバイト収入だけなら年収103万円以下）
- 年金収入のみの場合、65歳以上で158万円以下、65歳未満で108万円以下

※16歳未満は、児童手当（子ども手当）が支給されるため、扶養控除は対象外となる

ポイント❶
所得控除

2018年から大きく変わった「配偶者特別控除」

改正で、配偶者特別控除の適用範囲が拡大！

配偶者がいる人は、条件が当てはまれば「配偶者控除」または「配偶者特別控除」を受けることができます。

「配偶者控除」は、給与年収が103万円（合計所得金額38万円）以下の配偶者がいる場合、38万円の控除が受けられる減税措置です。

従来、税金上「103万円の壁」が存在していました。この「壁」とは、パート収入やアルバイト収入が103万円を超えると、所得税がかかってしまうこと、また、配偶者のパート収入が年間103万円を超えると配偶者控除が受けられなくなるという収入限度額を比喩したものでした。

「配偶者特別控除」は、給与収入が配偶者控除の対象金額である103万円を超え、年141万円未満（合計所得金額76万円）の配偶者がいる人が対象で、配偶者の年収によって段階的に（1万〜38万円まで）控除を受けることができました。

これらの控除制度が、2018年1月に改正されました。改正では配偶者控除の適用範囲は103万円以下のままですが、配偶者特別控除が103万円超えから201万円未満まで拡大されたのです。

配偶者年収が150万円以下なら38万円

さらに「配偶者特別控除」の最高額38万円を受けられる配偶者の収入限度が、従来の「103万円」から「150万円」へアップすることになったのです。

ただ、一部の高額所得者にとってはマイナスの改正でもあります。以前は給与所得の収入がいくらであっても一律38万円が控除されていましたが、今回の改正で制限が加えられました。

具体的には納税者の年間給与収入が1120万円（所得が900万円）を超えた場合には、段階的に配偶者控除額が減額されることになりました。

詳しい金額は図21の「配偶者特別控除」の額を参照してください。

2018年から大きく変わった「配偶者特別控除」

図20 配偶者控除の適用拡大のイメージ

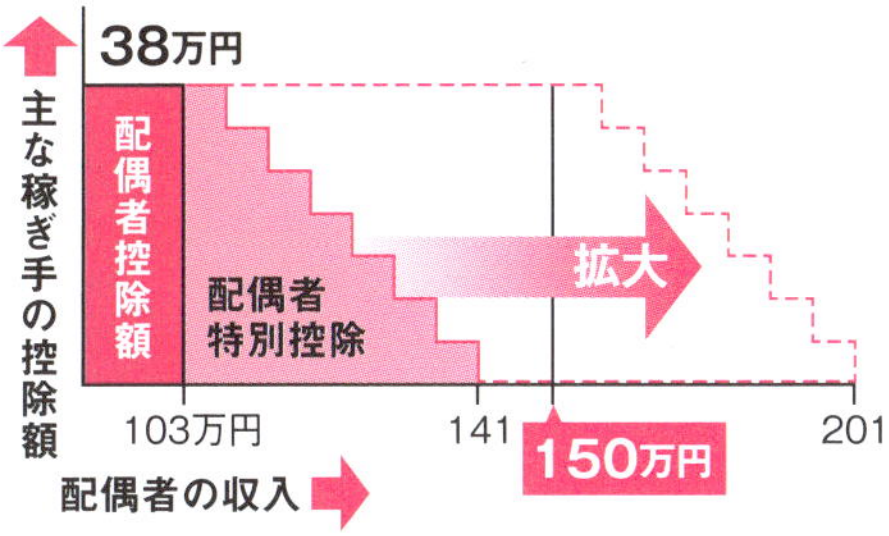

配偶者の年収

	Before	After
配偶者控除	103万円以下	103万円以下
配偶者特別控除	103万円超 141万円未満	103万円超 201万円未満

図21 控除の一覧

「配偶者控除」の控除額

配偶者の収入が103万円以下（年間所得38万円以下）の場合に受けられる控除

		納税者本人の給与収入（合計所得金額）		
		年収1120万円（所得900万円）以下	年収1170万円（所得950万円）以下	年収1220万円（所得1000万円）以下
控除額	一般の控除対象配偶者	38万円	26万円	13万円
	老人控除対象配偶者（70歳以上）	48万円	32万円	16万円

「配偶者特別控除」の額

配偶者の収入が201万円未満（年間所得38万超123万円以下）の場合に受けられる控除

		納税者本人の給与収入（合計所得金額）		
		年収1120万円（所得900万円）以下	年収1170万円（所得950万円）以下	年収1220万円（所得1000万円）以下
配偶者の給与収入（合計所得金額）	年収150万円（所得85万円）以下	38万円	26万円	13万円
	年収155万円（所得90万円）以下	36万円	24万円	12万円
	年収160万円（所得95万円）以下	31万円	21万円	11万円
	年収167万円（所得100万円）以下	26万円	18万円	9万円
	年収175万円（所得105万円）以下	21万円	14万円	7万円
	年収183万円（所得110万円）以下	16万円	11万円	6万円
	年収190万円（所得115万円）以下	11万円	8万円	4万円
	年収197万円（所得120万円）以下	6万円	4万円	2万円
	年収201万円（所得123万円）以下	3万円	2万円	1万円
	年収201万円（所得123万円）超	—	—	—

＊パートなど給与所得の場合は、合計所得金額に65万円をプラスした金額が、収入額となります

ポイント❶
所得控除

家族の分も全額控除できる「社会保険料控除」

家族の分も、しっかり控除を受けよう

1年間支払った社会保険料を全額控除できるのが、社会保険料控除です。たとえば国民年金保険と国民年金で年間50万円支払った場合、全額が所得から引かれます。この社会保険料控除には裏ワザがあり、うまく使えば効果的な節税策になります。

社会保険料控除は、自分の社会保険の保険料だけでなく、家族にかかっている社会保険料も、あなたが支払ったのなら、その分はあなたの所得から控除できるのです。

たとえば年金暮らしの両親の社会保険料50万円を代わりに支払っているとします。この分の社会保険料控除は自分が受けることができます。また、フリーターをしている子供の国民年金を肩代わりしていたら、その分も自分の社会保険料控除に算入できます。このように家族の分の社会保険料を自分の控除に入れるためには、確定申告の際、家族の分の社会保険料控除証明書を自分の確定申告書に添付する必要があります。

また、社会保険料には奇妙な仕組みがあります。1つは、過去の未納分を支払ったら、払った年に控除を受けることができるということです。独立開業したばかりの自営業者には、事業が軌道にのるまでは食うや食わずの生活をしていて社会保険料なんて払っていないケースもありますよね？　そういう人は、**儲かった年に未納分の社会保険料を払えば、それが所得控除となり、効果的な節税になります**。また国民年金には前納制度があり、翌年3月分までは前納ができます。前納すれば若干の割引制度があるだけでなく、前納した社会保険料もその年の所得から控除できます。だから儲かった年に国民年金を前納すれば、国民年金の割引にも節税にもなります。

サラリーマンの場合、社会保険料控除は原則として会社の年末調整で完結します。しかし、年末調整では自分だけで家族の社会保険料分が含まれておらず、控除漏れになっているケースがあります。家族の分の社会保険料控除は、会社に社会保険料控除証明書を持っていけば年末調整してくれます。

家族の社会保険料を支払った場合も控除対象！

図22 社会保険料控除のチェックポイント

check 保険料控除ができる主な社会保険

❶健康保険料、厚生年金保険料および船員保険の保険料
❷国民健康保険料（税）、国民年金保険料
❸後期高齢者医療保険
❹介護保険料
❺雇用保険料
❻国民年金基金掛金
❼厚生年金基金掛金
❽公務員共済掛金
※生計を一にする親族の分を負担した場合を含む

上記のような、国など公的に支払う保険料について社会保険料控除となります。ちなみに、個人事業主でしたら①と②のケースが当てはまります。

check 対象となる金額

対象となる金額は1月から12月までの1年間に支払った、社会保険料の全額が控除対象になります。

check 対象となる特殊なケース

❶配偶者や親族の国民年金保険料を代わりに納付した場合
➡20歳の大学生の子供の国民年金を親が支払った場合、その子供の国民年金保険料を親の所得から控除できます。

❷過去の滞納期間や免除期間について保険料を納付した場合
➡今年支払った分の保険料が控除の対象となります。

控除対象例

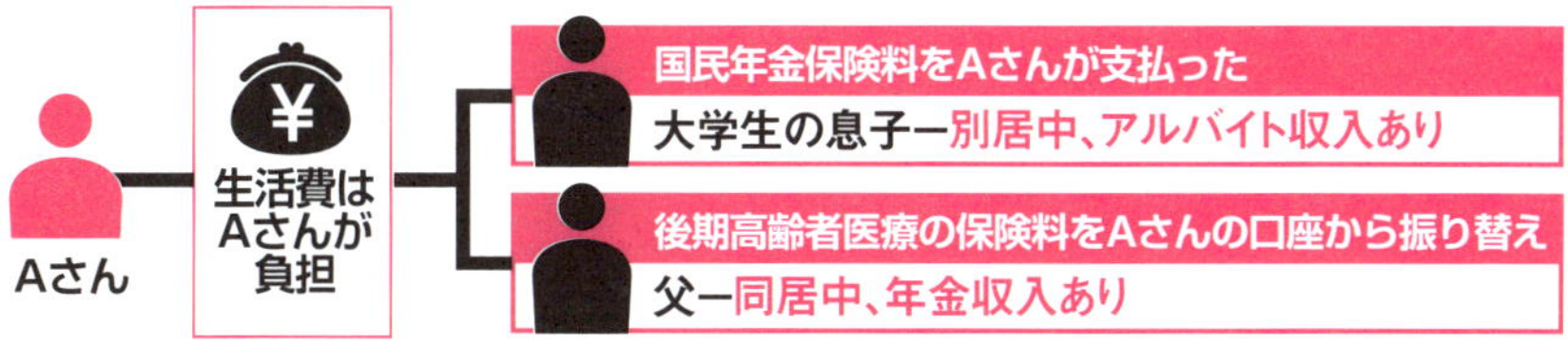
Aさん
生活費はAさんが負担
国民年金保険料をAさんが支払った
大学生の息子ー別居中、アルバイト収入あり
後期高齢者医療の保険料をAさんの口座から振り替え
父ー同居中、年金収入あり

【平成24年改正】最高12万円の控除！「生命保険料控除」

もっとも節税効果の高い生命保険の掛け方とは

所得税の控除のうち、「生命保険料控除」は、生命保険や個人年金に加入している場合、一定の金額を所得から控除できる制度です。これには、①生命保険料控除、②個人年金保険料控除、③介護医療保険料控除の3種類があります（図23）。これらをうまく組み合わせれば大きな節税ができます。

生命保険料控除は、掛金が年間8万円のときに控除額が最高の4万円になります。掛金を増やしても控除額は4万円のままです。そのため生命保険の掛金は、年間8万円に近い金額にするのが、もっとも節税効果が高いといえます。**生命保険、個人年金保険、介護医療保険それぞれの掛金を年間8万円程度にすれば**、トータルの保険料が年間24万円程度で**控除額は限度額の12万円**になります。

現在の制度では、普通の生命保険1つにしか加入していない人は、その保険料がいくらかかっていても、4万円の生命保険料控除しか受けることができません。3つ加入していたほうが節税になります。

生命保険は掛け捨てがトクではない!?

また、「生命保険は掛け捨てが有利」と言われることがありますね。しかし、必ずしもそうとはいえません。

生命保険料控除の計算方法は、図24のようになります。

たとえば年間8万円以上の生命保険に加入していれば、所得税の場合は4万円の所得控除が受けられます。所得税の税率が10％の人は、所得税と住民税合わせて6800円の節税になり、所得税率20％の人は1万800円の節税となります。生命保険控除で安くなる税金分を考慮すれば「掛け捨ての生命保険は有利ではない」状況がうまれることがあります。保険に加入する際の1つの判断材料にしてください。

ただ、お伝えした保険料控除の節税方法は、平成24年以降に契約した保険のみに有効です。それ以前に契約した保険は古い制度がそのまま適用されますので、次項で詳細を説明します。

平成24年に改正された「生命保険料控除」

図23 生命保険料控除は３種類

生命保険料控除：死亡したときや病気を患ったときに保険金がもらえるもの

個人年金保険料控除：公的年金とは別に、民間の保険会社に個人で加入する年金。毎月保険料を払い込み、一定の年齢に達したら年金としてもらえるもの

介護医療保険料控除：公的な介護保険とは別に、民間の保険会社が売り出している保険商品。介護が必要になったときに一定の保険金を受け取れるもの

図24 所得税の控除限度額12万円、住民税は7万円

平成24年以降 「所得税」の生命保険料控除計算方法

保険の種類	年間の支払い保険料の合計	控除額
生命保険 介護医療保険 個人年金保険	２万円以下	支払金額全部
	２万円超４万円以下	支払金額 ÷ ２ ＋ １万円
	４万円超８万円以下	支払金額 ÷ ４ ＋ ２万円
	８万円超	一律４万円

➡ **3つの保険料の合計適用控除限度額は最大で12万円**

平成24年以降 「住民税」の生命保険料控除計算方法

保険の種類	年間の支払い保険料の合計	控除額
生命保険 介護医療保険 個人年金保険	１万2,000円以下	支払金額全部
	１万2,000円超３万2,000円以下	支払金額 ÷ ２ ＋6,000円
	３万2,000円超５万6,000円以下	支払金額 ÷ ４ ＋１万4,000円
	５万6,000円超	一律２万8,000円

➡ **3つの保険料の合計適用控除限度額は最大で7万円**

《平成24年以降に契約した「生命保険料控除」例》

生命保険料控除の計算例

例 平成29年に契約した、生命保険に年間6万円、個人年金に年間20万円支払っている場合

生命保険の控除額

年間6万円掛けているため、図24に当てはまることがわかります。

支払金額 6万円 ÷ 4 ＋ 2万円 ＝ 3万5,000円

個人年金の控除額

年間20万円支払っていて、8万円超になるため、控除額は4万円。

合計の生命保険料控除額

生命保険 3万5,000円 ＋ 個人年金 4万円 ＝ 7万5,000円

今回は生命保険と個人年金にだけ入っている設定で計算しましたが、介護医療保険にも入っている場合は、同じように介護医療保険の分も計算して加えます。

ポイント❶
所得控除

平成23年までに生命保険契約をした人は控除額の誤りに注意！

旧契約で契約したら、古い制度がそのまま適用

生命保険料控除には、気をつけなければいけない点があります。平成24年に改正された新しい生命保険料控除の制度は、平成24年以降に契約した保険のみに有効です。それ以前に契約した保険は、古い制度がそのまま適用されます。

また、**平成23年までは、生命保険料控除は「生命保険」「個人年金保険」の2つしか控除できませんでしたが、平成24年の改正で、「介護医療保険」が加わって3つの控除が受けられるようになりました。**

そのため、平成23年までに契約した場合の控除は、生命保険料控除（最大5万円）、個人年金保険料控除（最大5万円）となります。

よって、生命保険に年間10万円以上、個人年金保険に年間10万円以上の掛金を支払っている人は、合計で10万円の生命保険料控除が受けられます。

平成23年までに契約した生命保険料控除については、図26の方法で控除額が算出されますのでチェックしてみてください。

「個人年金保険」も忘れずに

また、「生命保険」は控除している人が多いようですが、「個人年金保険」は加入しているのに控除し忘れている方がいるようです。個人年金保険とは、民間の保険会社に個人で加入する年金のことです。毎月一定額を積み立てておけば、高齢者になったときに一定額をもらえるというものです。

最近は、保険会社の年金はポピュラーで、知らぬ間に個人年金保険に加入していることも考えられます。保険会社に自分が加入している保険を確認してみましょう。

もし控除漏れがあれば、サラリーマンの方は会社に申請すれば年末調整でやってくれます。個人事業者の方は、確定申告で控除できます。

平成24年に生命保険料控除制度はこう変わった！

図25 生命保険料控除制度　改正内容

生命保険料控除制度（所得税）の改正内容

旧制度
平成23年12月31日以前の契約

一般 生命保険料控除 5万円 ＋ 個人年金 保険料控除 5万円 ＝ 合計 適用限度額 10万円

新制度
平成24年1月1日以降の契約

一般 生命保険料控除 4万円 ＋ 個人年金 保険料控除 4万円 ＋ 介護医療 保険料控除 4万円 ＝ 合計 適用限度額 12万円

生命保険料控除制度（住民税）の改正内容

旧制度
平成23年12月31日以前の契約

各生命保険料控除の適用限度額････ 3.5万円
合計適用限度額････････････････････････ 7万円

新制度
平成24年1月1日以降の契約

各生命保険料控除の適用限度額････ 2.8万円
合計適用限度額････････････････････････ 7万円
（合計適用限度額は変更なし）

図26

旧制度　平成23年以前　「所得税」の生命保険料控除計算方法

保険の種類	年間の支払い保険料の合計	控除額
生命保険 個人年金保険	2万5,000円以下	支払金額全部
	2万5,000円超5万円以下	支払金額 ÷ 2 ＋ 1万2,500円
	5万円超10万円以下	支払金額 ÷ 4 ＋ 2万5,000円
	10万円超	一律5万円

旧制度　平成23年以前　「住民税」の生命保険料控除計算方法

保険の種類	年間の支払い保険料の合計	控除額
生命保険 個人年金保険	1万5,000円以下	支払金額全部
	1万5,000円超4万円以下	支払金額 ÷ 2 ＋ 7,500円
	4万円超7万円以下	支払金額 ÷ 4 ＋ 1万7,500円
	7万円超	一律3万5,000円

➡ **2つの保険料の合計適用控除限度額は最大で7万円**

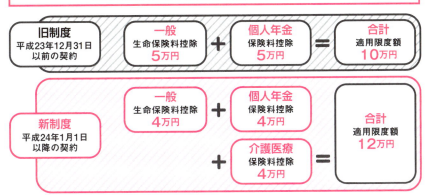

他にも使える所得控除がたくさん！

地震、噴火、津波で被害を受けたら

地震保険料控除

「地震保険料控除」は、地震、噴火、津波を原因とする火災、損壊のための損害保険に加入している場合に受けられます。

控除額は、年間の支払保険料が5万円以内ならば全額、5万円以上ならば5万円となっています。生命保険料控除が最高4万円（掛金8万円以上の場合）ですので、生命保険料控除よりも地震保険料控除が有利といえます。

地震保険料控除の対象となる保険は、一定の資産を対象として、地震などで損害が生じた場合にその損害を補償する保険、または共済です。「地震保険」と称されて販売されている保険商品のたいがいは地震保険料控除の対象になります。サラリーマンで地震保険に入っている場合は、会社に届けを出しましょう。年末調整で所得控除してくれます。自営業者は、確定申告で控除できます。

シングルマザー、シングルファーザー必見

寡婦・寡夫控除

寡婦控除とは、配偶者と死別もしくは離婚して、扶養すべき子供がいる「女性」が受けられる控除です。寡夫控除とは、配偶者と死別もしくは離婚して、扶養すべき子供がいる「男性」が受けられる控除です。この**寡婦控除と寡夫控除は若干要件が違いますので、注意してください。**

寡婦控除額は基本的に27万円。夫と離別か死別し、扶養している子供がいて、所得が500万円以下の場合は35万円の所得控除が受けられます。寡夫控除は、妻と死別もしくは離婚して、扶養すべき子供がいて、所得が500万円以下の男性が受けられます。この3つの要件をすべて満たせば、27万円が所得から控除されます。男性のほうが少し要件は厳しくなっていますね。

寡婦（女性）の場合は、この控除を忘れずに受けているようですが、寡夫（男性）は受け忘れている人も多いようです。

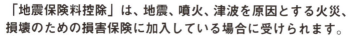

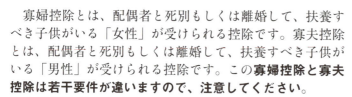

寄付すると国からお金が戻ってくる

寄附金控除

国や地方公共団体、学校などに寄付をした場合にも控除を受けることができます。控除できる額は「寄付金額－2,000円」です。もし5万円を寄付した場合は4万8,000円が所得から控除されます。ただし控除の対象となる寄付は所得の40％までです。また震災などで寄付をしたときにも、相手先が特定公益増進法人などになっていた場合は、控除の対象となります。寄付の相手先に確認してみましょう。

ふるさと納税については次ページで説明します。

障害のある人やその家族を対象とした

障害者控除

障害者控除は、自分自身や扶養している親族が障害者の場合、受けられるものです。控除額は、障害者が27万円、特別障害者が40万円です。ここでいう障害者はいくつか要件がありますが、簡単にいえば「障害者手帳」を持っている人です。特別障害者というのは、1級か2級の障害者手帳を持っている人です。特別障害者と同居している場合は、75万円の控除が受けられます。

働いている学生はチェック！

勤労学生控除

勤労学生控除は、**中学、高校、大学もしくは指定された専門学校に通う人で、勤労している人が受けられるものです。**ただし給料が年間130万円以下の場合です。控除額は27万円です。

ポイント❶

所得控除

まだまだ見過ごせない！「ふるさと納税制度」

自己負担2000円で豪華な特産品を入手！

ふるさと納税とは、**好きな自治体に寄付をすれば、寄附金控除として、寄付金から自己負担額2000円をマイナスした額が返ってくるという制度**です。たとえば3万円寄付した場合、そのマイナス2000円である2万8000円が返ってきます。

加えて魅力的なのは、**寄付をした自治体からお礼として特産品がもらえる**ことです。自治体によって異なりますが1万～3万円程度の寄付をすれば3000～5000円程度の特産品がもらえます。つまり1万円寄付した場合、実質的な負担は2000円ですが、5000円相当の特産品がもらえるのです。

しかし、2017年に総務省が「寄附金に対する返礼品の割合を『3割』まで」という通達を出し、守らない自治体については、ふるさと納税の対象から外し、寄付しても税金が控除されないように制度を見直す方針を固めました。そのため現在は寄付額に近い返礼品は減っています。それでも、返礼品が得られ、有効な「実質的節税」になる、ふるさと納税は人気です。

確定申告を忘れないで！

ふるさと納税で気をつける点は、還付金に限度額があることです。**還付される税金は住民税所得割の2割が限度額**ですので、その限度額を超えてふるさと納税をしないようにしてください。還付金限度額を知りたい方は、毎年6月頃に自治体から送られる「住民税決定通知書」を確認するか、市区町村の住民税課に問い合わせる、もしくは図29を参考にしてください。

また、ふるさと納税の税金控除を受けるには、確定申告が必要です。サラリーマンも同様です。ただしサラリーマンの場合、寄付した自治体数が5つ以内ならば、確定申告なしで寄附金控除を受けることができる「ワンストップ特例制度」が使えます。これは、寄付した自治体に「ワンストップ特例の適用を受ける申請書」を翌年1月10日までに提出すれば確定申告しなくて済むものです。

日本を元気にする、ふるさと納税

図27 ふるさと納税制度の利用例

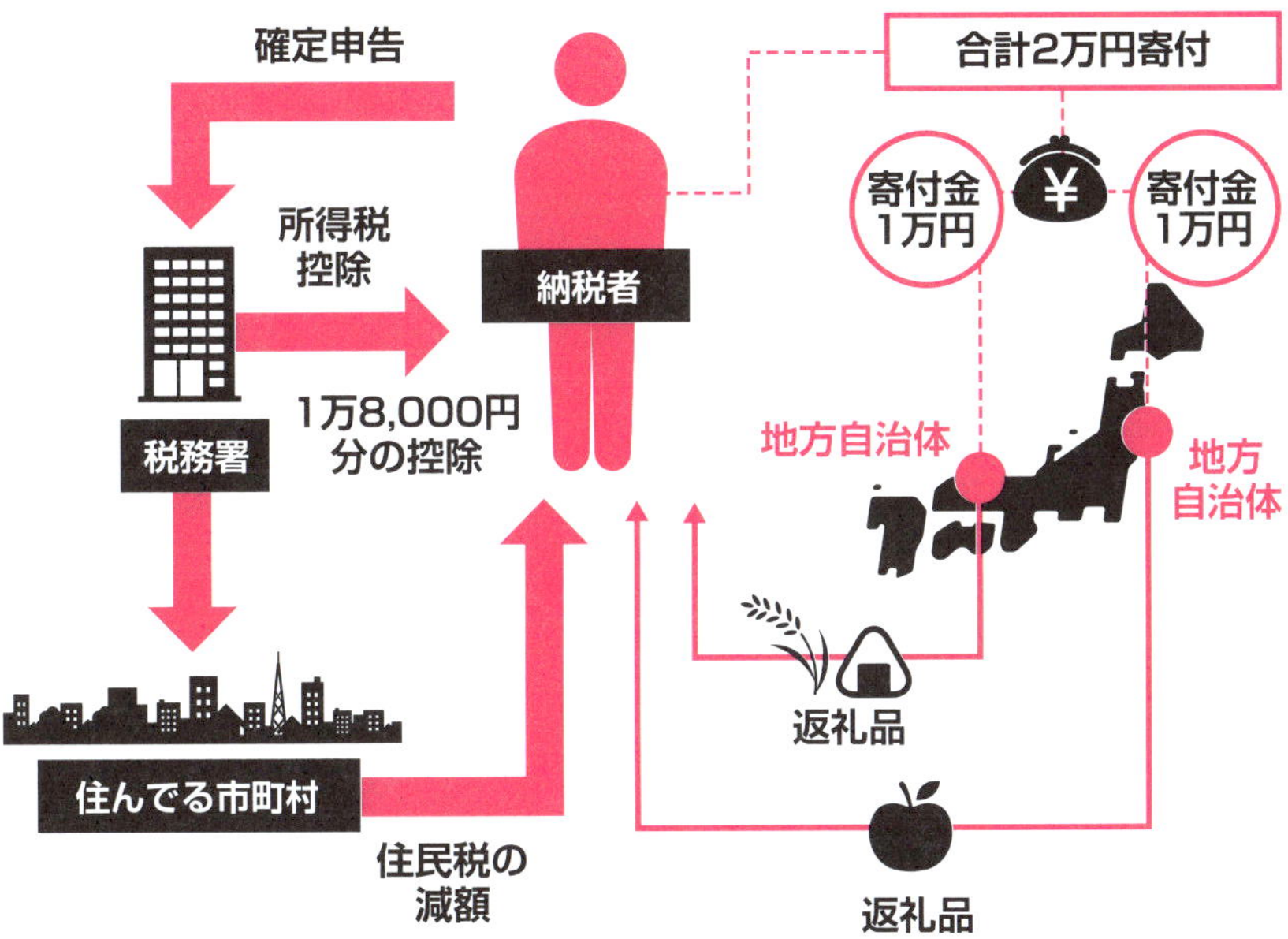

図28 ふるさと納税制度の基本的な仕組み

ふるさと納税（寄附金）				控除される額
（寄附金）※上限金額内	−	2,000円	＝	（還付される税金）

※実際はもっと複雑な数式が絡み合っているが、整理すると上記のようになります。

図29 上限金額早見表（ふるさと納税額〈年間上限〉の目安）

寄付者本人の年収	ふるさと納税を行う人の家族構成					
		夫婦			夫婦（共働き）	
	独身or共働き	子なし、または中学生以下の子	子１人（高校生）	子２人（大学生と高校生）	子１人（大学生）	子2人（大学生と高校生）
300万円	2万8,000円	1万9,000円	1万1,000円	—	1万5,000円	7,000円
400万円	4万2,000円	3万3,000円	2万5,000円	1万2,000円	2万9,000円	2万1,000円
500万円	6万1,000円	4万9,000円	4万円	2万8,000円	4万4,000円	3万6,000円
600万円	7万7,000円	6万9,000円	6万円	4万3,000円	6万6,000円	5万7,000円
700万円	10万8,000円	8万6,000円	7万8,000円	6万6,000円	8万3,000円	7万5,000円

※掲載している表はあくまで目安です。具体的な上限金額は、お住まいの市区町村にお問い合わせください。

自然災害や盗難などの被害にあったら「雑損控除」

自然災害などで被害にあったときに使える控除

雑損控除とは、**災害、盗難、横領により自分や扶養親族の所有する生活用資産に損失が生じた場合に一定の金額をその年の所得金額から控除できるもの**です。大まかにいえば所得の10分の1以上の被害があれば、それを超えた分を所得から控除できます。雑損控除の額は、次のように算出します。

- **損失額 ― 所得金額の10分の1**
- **雑損額のうち災害関連支出 ― 5万円**

このうち、多いほうの金額が雑損控除の額となります。

たとえば所得500万円の人が盗難で100万円の被害にあったとします。100万円－50万円（所得の10分の1）＝50万円となるため、50万円が雑損控除として課税対象額から差し引けるということです。雑損控除となる事象は、災害、盗難、横領などがあります。

たとえば地震や台風や大雨などによって生活に通常必要な資産である住宅、衣類、家具などが損壊した場合、それを元に戻すための費用（原状回復費用）が雑損控除の対象となります。

雑損控除は実は、**シロアリ退治や豪雪地帯の雪下ろしの費用も対象**にできます。ただ盗難や横領の被害は認められるのに、詐欺や紛失などの被害は対象となりません。

損失が大きくてその年の所得金額から控除しきれない場合には、翌年以後3年間の繰越控除が認められています。

雑損控除の申告に必要な書類

雑損控除の確定申告は、確定申告書に「災害関連支出の領収書」、火災の場合には消防署が発行する「罹災《りさい》証明書」、盗難の場合は警察署が発行する「被害証明書」を添付するだけです。あとは雑損控除の額を計算して、申告書に反映させればOKです。

サラリーマンが、雑損控除の適用を受けるには確定申告が必要です。会社ではやってくれません。ですがサラリーマンなど確定申告をしていない人は、過去5年分までさかのぼって申告できます。

被災したときに使える税金軽減措置

図30 こんなときは「雑損控除」

	雑損控除
雑損控除の対象	・風水害、冷害、噴火等 自然災害による災害 ・盗難や横領による損害 （詐欺、脅迫、保証債務の履行による損失は除く） ・害虫、害獣、その他微生物による災害 ・火災、火薬類の爆発など人為による災害　など
対象となる資産の範囲	住宅および家財を含む生活に通常必要な資産が対象 （棚卸資産や事業用固定資産、山林、生活に通常必要でない資産は対象とはなりません）
控除額の計算	雑損控除の金額は、❶か❷のうち、いずれか多いほうの金額 ❶ 損失額 － 所得金額の10分の1 ❷ 災害関連支出 － 5万円 ＊ここでいう雑損額とは、損失の金額から保険金などによって補塡される金額を控除した金額 ＊所得金額の10分の1とは、この金額以下の損失は切り捨てということ

図31「雑損控除」と「災害減免法」の比較

災害で多大な損害を受けた場合は、災害減免法がお得な場合があります。災害があった年の総所得額が1,000万円以下かつ、保険などで補塡された金額を除いて、損害した持ち家や家財の損害額が、その時価の1/2以上だった場合に適用できます。

	雑損控除	災害減免法
損失の発生原因	災害（盗難、横領も可）	災害
所得の条件	所得がある人	所得1,000万円以下の人
被害額	差引損失額があること（＊1）	損害額（＊2）が、住宅や家財の価格の２分の１以上の場合
控除額または免税額	❶と❷のいずれか多いほうの金額 ❶ 差引損失額 － 所得の10分の1 ❷ 災害関連支出額 － 5万円	所得500万円以下 ▶ 所得税額の全額を免除 所得500万円超750万円以下 ▶ 所得税額の1/2を免除 所得750万円超1,000万円以下 ▶ 所得税額の1/4を免除

＊1　差引損失額：資産の損害額＋災害関連支出額 ― 保険などで補塡された金額
＊2　損害額：資産の損害額 ― 保険などで補塡された金額

ポイント❶

所得控除

所得から最高200万円まで差し引ける「医療費控除」

医療費控除を使いたおそう！

ここまでお読みいただいて、「個人事業者にもサラリーマンにも節税策はたくさんある」ということは、わかっていただけたかと思います。でも、どれから始めればいいのかわからないと思っているかもしれません。

その場合は、これから紹介する「医療費控除」からはじめてみてはいかがでしょうか？　医療費控除は対象範囲が広いので誰でも簡単にできます。節税技の宝庫とい え、工夫次第で所得控除の額をふくらませることができます。

医療費控除は簡単に言うと、1年間に支払った医療費が年間10万円（所得が200万円未満なら所得の5%）以上だった場合に、200万円を上限に、超えた金額分を所得から差し引くことができるという制度です。

これは納税者本人の医療費だけでなく、「生計を一にする」配偶者や親族のために支払った分も合計できます（保険などからの給付金は差し引きます）。医療費の領収書もしくは医療費の明細書、医療費通知書などを残しておけば、誰でも医療費控除の申告をできます。

一般家庭でも3万～4万円の税金還付がある！

まずは仕組みについてご紹介します。計算式は図32のとおりです。たとえば、年収500万円の人がいたとして、この人（この家族）の年間の医療費が30万円かかったとします。この所得の5%は25万円です。25万円（所得金額5%）と10万円を比較して、少額の10万円のほうを計算式に残します。よって、この人に医療費控除額は、40万円から10万円を差し引いた30万円となり、課税対象となる所得から30万円を差し引くことができます。

つまりは、この30万円に税率を掛けた分の税金が減額されることになり、この人の場合だと所得税と住民税を合わせると、だいたい3～4万円が減額されます。**年間30万円くらいの医療費は一般の家庭でも払っているものです。これを申告するだけで3万円～4万円が還付されます。**

家族分と併せて1年間に支払った医療費が10万円を超えたら控除！

図32 医療費控除の計算方法

その年に払った医療費（＊保険金等で戻ってきた金額を除く） － 10万円 or 所得金額の5%（いずれか少ないほう） ＝ 医療費控除額（最高200万円）

＊医療費控除の対象となる医療費は実際に払った金額で、生命保険の入院費給付金や健康保険の高額療養費、出産育児一時金などをもらった場合はそれを差し引かなくてはなりません。

図33 医療控除の対象と認められる主なもの

医療費控除の対象になる主な費用

1. 病気やケガで病院に支払った**診療代**や**歯の治療代**
2. **治療薬**の購入費
3. 入院や通院のための**交通費**
4. アンママッサージ指圧師、はり師などによる**施術費**
5. 保健師や看護師、または特に依頼した人に支払う**療養の世話の費用**
6. 助産師による分娩の**介助料**
7. **介護保険制度**を利用し、指定介護老人福祉施設においてサービスを受けたことにより支払った金額のうち2分の１相当額や、一定の在宅サービスを受けたことによる自己負担額に相当する金額
8. この他にも、医療用器具の購入費、義手や義足の購入費なども対象となります

医療費控除の対象にならない主な費用

1. 医師などに対する**謝礼**
2. **健康診断**や**美容整形**の費用
3. **予防**や**健康増進**のための健康食品、栄養ドリンク剤などの購入費
4. 近視や遠視矯正のための**眼鏡**や、**補聴器**などの購入費
5. **お見舞い**のための交通費やガソリン代

＊親族などに支払う世話代や未払いの医療費なども対象にはなりません

医療費控除の対象となる医療費

まずは1年間にかかった医療費などをまとめてみましょう

医療費控除の対象となる医療費というのは、「直接、病院に支払った治療費、入院費」だけではありません。その病気を治療するためにかかった費用全般が対象となります。そのため、ドラッグストアで買った市販薬、通院にかかった交通費、場合によってはビタミン剤、栄養ドリンク、アンマ、マッサージ費用なども含まれます。また昨今流行りの禁煙治療、ＥＤ治療などの費用も医療費控除の対象となります。

そういうものをすべて足したら、だいたいだれでも年間10万円以上にはなるのではないでしょうか。まだほかにも、場合によっては温泉療養、スポーツジムの会費も医療費控除とすることもできます。

ただし、**医療費控除の対象となるためには、「治療のための費用」は認められるけれど、「予防のための費用」は認められない**という掟があります（図33）。

「治療のための費用」とは、病気やケガをしたり、体の具合が悪いときに、それを「治す」ために使った費用であるということです。つまり、具体的な病気、ケガの症状があり、それを治すための費用であれば控除対象になるのです。

しかし、治療か予防かというラインも明確ではないことも多いものです。たとえばどこか体の具合が悪いときに、アンマや鍼灸《しんきゅう》、整体などを受けた場合には控除として認められますが、特別に体が悪くないときは認められません。でもアンマや鍼《はり》というのは、なにかしら体の調子がすぐれないときに施すものなので、なんらかの治療ということもできるはずです。

そういう場合の治療か予防かという判断は、本人が申告するものですから、税務署は何も言えないことがほとんどです。確定申告というのは、本人が申告したものは、明確な反対材料がない限り認められます。だから自分が「治療のために使った」と思えば、医療費控除の対象となるのです。

医療費控除の対象となりうるもの

マッサージ代

マッサージ、鍼灸も、「なんらかの体の不具合症状を改善するためのものであること」、「公的な資格を持つ整体師、鍼灸師などの施術であること」という条件を満たしていれば、医療費控除が受けられます。

ビタミン剤、栄養ドリンク

ビタミン剤や栄養ドリンクも、「なんらかの体の不具合症状を改善するためのもの」、「医薬品であること」という条件を満たしていれば、医療費控除の対象となります。

市販薬

市販薬である、風邪薬、目薬、湿布などは日常的に買っているのではないでしょうか。これらも医療控除の対象となります。この市販薬の分を加算すれば医療費控除の範囲は広がります。

歯の矯正

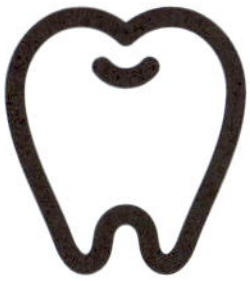

あまり知られていませんが、「子供の歯の矯正」費用は医療費控除の対象になります。医療費控除は原則として病気やケガを治す医療費にしか認められていませんが、子供（未成年）の歯の矯正に限っては、医療費控除の対象となります。

交通費、タクシー代

病院や薬局に行くまでの交通費も対象となります。ただし、合理的な方法で交通機関を利用した場合です。平たく言えば、普通の経路で電車やバスを利用すれば医療控除の対象となります。また病院までタクシーを使うときも、病状により緊急を要する場合が多いので、医療控除に算入していいと言えます。

ED治療、禁煙治療

最近は、病院でED治療と禁煙治療をした場合、その治療にかかった費用も、医療費控除の対象となっています。東京国税局に確認済みのことです。そのため、治療をする人は忘れずに医療費控除を申告するようにしてください。

ポイント❶

所得控除

温泉に行ったりスポーツをしながら、節税が可能⁉

うまく利用すれば温泉旅行がお得に⁉

なんと一定の要件を満たせば、「温泉に行った費用も医療費控除の対象となる」可能性があります。しかも温泉療養の場合、温泉施設の利用料だけでなく、**温泉までの旅費や旅館の宿泊費なども医療費控除の対象になります**（旅館での飲食費や列車のグリーン料金などは認められません）。

温泉療養が医療費控除の対象となるのは、①「温泉療養が病気等の治療になると医師が認めた（医師の証明書が必要）」、②「厚生労働省が認定した温泉療養施設を利用した」の2つの要件を満たした場合です。

医師の証明書が必要なのか、と思われたかもしれませんが、医師に頼めば比較的簡単に出してくれます。厚生労働省が認定した温泉療養施設は全国に21カ所あります（平成30年10月時点）。詳細は「温泉利用型健康増進施設連絡会」のサイトをご覧ください（http://www.jph-ri.or.jp/onsen-nintei）。

スポーツをして税金を安くしよう！

「スポーツは治療の一環になる」という考えのもと、スポーツ施設の利用料も控除対象となります。控除に必要な要件は①「高血圧症、高脂血症、糖尿病、虚血性心疾患等の疾患で、医師の運動療養処方箋に基づいて行われるものであること」、②「おおむね週1回以上の頻度で、8週間以上の期間にわたって行われるものであること」、③「運動療養を行うのに適した施設として、厚生労働省の指定を受けた施設（指定運動療法施設）で行われるものであること」です。全国に対象となる指定運動療法施設は218カ所あります（平成30年10月時点）。詳細は、「財団法人日本健康スポーツ連盟」のサイトをご覧ください（http://www.kenspo.or.jp/）。

温泉療養や運動療養をした施設では、必ず領収書と、温泉療養の場合は「温泉療養証明書の終了証明書」、運動療養の場合は「実施証明書」をもらい、2つを添付して確定申告をしてくださいね。

医療費控除のとっておきの裏ワザ

図34 一定の要件を満たせば「温泉に入って節税」も可能に！

確定申告までの流れ

かかりつけの医師／提携医療機関	●温泉療養指示書の交付
↓	
指定温泉療養施設／提携医療機関	●温泉療養の実施 ●領収書・温泉療養証明書 ●助言・経過観察等
↓	
かかりつけの医師／提携医療機関	●温泉療養証明書の終了証明
↓	
税務署	●所得税の申告 （利用料金領収書・温泉療養証明書の提出）

図35 「健康のためにスポーツでも始めようか」という人は、スポーツ施設利用料を医療費控除にできるかも

確定申告までの流れ

かかりつけの医師／提携医療機関	●運動療法処方箋の交付
↓	
指定運動療法施設／提携医療機関	●運動療法の実施 ●領収書・実施証明書交付等 ●助言・経過観察等
↓	
かかりつけの医師／提携医療機関	●実施証明書の確認書
↓	
税務署	●所得税の申告 （利用料金領収書・実施証明書の提出）

ポイント❶
所得控除

「医療費控除」は受けないと損！

所得が200万円以下なら医療費10万円以下でもOK

医療費控除は、医療費が「10万円以上」かかった場合に受けられると一般にいわれていますが、**所得が200万円未満の人であれば、医療費が10万円以下でも、所得の5％以上の医療費がかかっていれば、控除の対象**となります。

たとえば所得が150万円の人は、所得の5％は7万5000円です。つまり、1年間の医療費が7万5000円以上かかっていれば、医療費控除が受けられるわけです。巷では「医療費が10万円以上かからないと医療費控除は受けられない」と思っている人が多いようですが、必ずしもそうではありませんので、ご注意ください。

また夫婦で共働きをしている場合は、収入が低いほうが家族の医療費を払ったことにすれば、医療費控除が受けやすくなります。

たとえば、夫の所得が400万円、妻の所得が140万円の夫婦がいて、子供の医療費などで年に9万円かかったとします。夫が医療費を払ったことにすれば医療費控除は受けられません。しかし、妻が医療費を払ったことにすれば、9万円－7万円（所得の5％）で、2万円の医療費控除が受けられます。

どちらが医療費を支払ったかは、納税者側が主体的に決めることができますので、収入の低いほうの人が家庭の医療費を全額負担したことにしても問題はないということです。ぜひ確定申告で、これらの医療費控除を申告してくださいね。

サラリーマンが医療費控除を受ける場合、会社に申請するのではなく、自分で確定申告をすることになるかと思います。その際、税務署に相談に行き、申告書をつくってもらおうとするといろいろ聞かれて「このタクシー代は医療費控除に入れることは難しい」などと言われるケースもあります。

だから医療費控除は、自分で申告書をつくったほうがいいでしょう。

平成29年から新制度「セルフメディケーション税制」が追加！

平成29年分の申告から、新たに「セルフメディケーション税制」という還付制度が加わりました。

これは、健康増進や疾病予防のために、一定の条件を満たした薬を購入したときに、税金が安くなる制度です（控除額の上限は8万8,000円）。

ごく簡単に言うと、街の薬局で特定の薬を1万2,000円超買うと、税が控除されます！

図36 セルフメディケーション税制と医療費控除の違い

セルフメディケーション税制を受ける場合は、医療控除は受けられません。

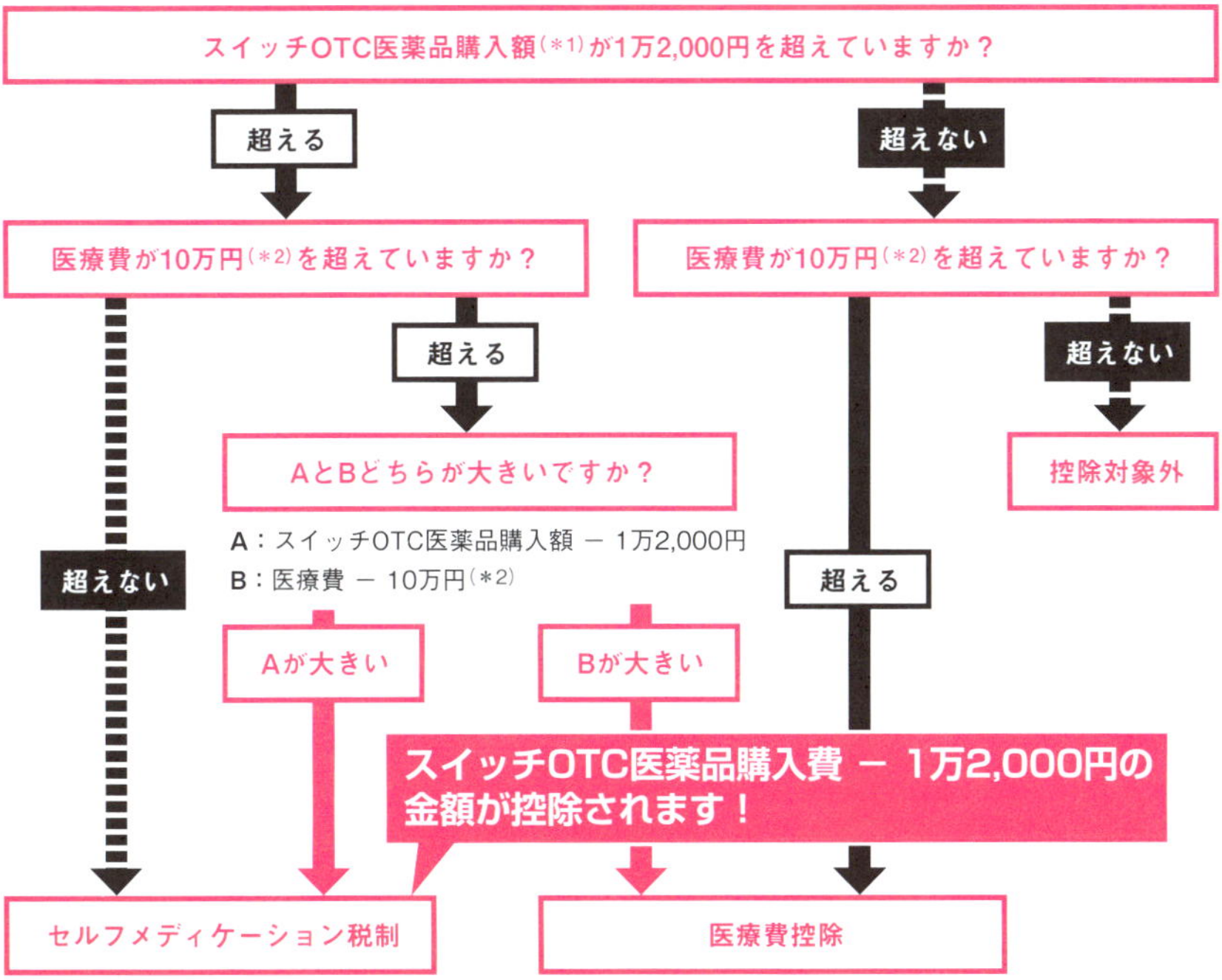

＊1 スイッチOTC医薬品購入額および医療費から保険金等で補塡される金額は除く
＊2 その年の総所得金額等が200万円未満の人は、総所得金額等×5%

セルフメディケーション税制を受ける条件

- ☑ スイッチOTC医薬品（＊3）を１万2,000円以上購入していること
- ☑ 申告者が、定期健康診断やがん検診、メタボ健診、インフルエンザ予防接種などのうち、いずれか１つを受けていること

＊3 スイッチOTC医薬品とは？

ドラッグストアなどで販売されている薬の外箱に記載されている「税控除対象」マークが目印。またレシートでは、当該の薬名の頭に、所定の印（★や＊など）が付いています。対象の薬は、平成30年10月時点で1700品目ほどあり、風邪薬のパブロンや頭痛薬のナロンエースなど、身近な薬が多数採用されています。

ポイント❶
所得控除

所得控除の王様「住宅ローン控除」

「所得控除」ではなく「税額控除」のメリット

私は、所得税の控除の中で、もっとも節税効果が高いのが住宅ローン控除だと思っています。これを知っているのと知らないのとでは、生活がかなり変わってきます。

これは、**住宅ローンを利用してマイホームを購入したり、リフォームした場合に、毎年の年度末のローン残高の一定割合を所得税から控除**してくれる制度です。

実は、住宅ローン控除というのは、これまで紹介してきた所得控除とは仕組みが違います。住宅ローン控除は、所得を減らす「所得控除」ではなく、税額から直接引ける「税額控除」です。

どういうことかというと、所得控除は、税金の対象となる所得を減らす制度であるのに対し、税額控除は、税金そのものを減らす制度なのです。たとえば、30万円の税額控除を受けたならば、税率に関係なく、税金そのものが30万円安くなります。つまり節税額が非常に大きいのです。

住宅ローン控除は、所得控除の「王様」

住宅ローン控除を簡単にいえば、**ローンを組んで家（マンション）を買った場合、ローン残高の1％の税金が戻ってくる制度です。これは家を買ってから10年間続きます。**

たとえば2000万円のローンを組んで家を買った場合、2000万円の1％、つまり20万円が返ってくるのです。10年間で200万円近くの税金が戻ることになります。扶養控除を1人増やしたとしても、安くなる税金は5万円程度です。しかし住宅ローン控除の場合は数十万円単位で税金が安くなります。住宅ローン控除が所得控除の「王様」とされる所以《ゆえん》です。家を買ったうえに税金も安くなるという「持つもの」ばかりが得をする制度といえます。

この住宅ローン控除は、本来ならば平成25年いっぱいで廃止される予定でしたが、廃止撤回され、逆に拡充されることになりました。

図37 住宅ローン控除の控除額計算方法と年間の控除限度額

一般の住宅の場合

入居年月日	控除期間	ローンの上限	控除額の計算方法	年間の控除限度額
平成25年1月1日〜平成26年3月31日	10年	2,000万円	2,000万円までの住宅ローン残高×1.0%	最高20万円
平成26年4月1日〜平成33年12月31日	10年	4,000万円	4,000万円までの住宅ローン残高×1.0%	最高40万円

認定住宅*（認定長期優良住宅および認定低炭素住宅）の場合

入居年月日	控除期間	ローンの上限	控除額の計算方法	年間の控除限度額
平成25年１月１日〜平成26年３月31日	10年	3,000万円	3,000万円までの住宅ローン残高×1.0%	最高30万円
平成26年4月１日〜平成33年12月31日	10年	5,000万円	5,000万円までの住宅ローン残高×1.0%	最高50万円

住宅ローン最大控除額で計算すると

	借入限度額 控除対象となる年末ローン残高の限度額		控除率		控除の期間		最大控除額
一般の住宅	4,000万円	×	1.0%	×	10年	＝	400万円（年40万円）
認定住宅	5,000万円	×	1.0%	×	10年	＝	500万円（年50万円）

＊認定住宅とは、長期優良住宅または低炭素住宅の認定を受けた住宅のこと（60ページ参照）

ポイント❶
所得控除

住宅ローン控除にはメリットがたくさん！

大幅に改善された住宅ローン控除

住宅ローン控除の限度額は、平成26年度の改正で、大幅に拡充されました。住宅ローン残高の1％、年間の限度額は40万円で、最高10年間で４００万円の控除を受けることが可能です。つまり、住宅ローン残高４０００万円まで利用できるということです。

住宅ローン控除は、基本的に住宅ローン残額の１％が所得税から差し引かれます。サラリーマンでいえば、住宅ローン残高の１％が年末調整で返ってくるということです。たとえば２０００万円の住宅ローン残高がある人ならば所得税が20万円安くなるわけです。平均年収程度のサラリーマンの場合、所得税は20万円前後なので、住宅ローン控除で所得税が０になるケースもみられます。

住宅ローン控除は、所得税から控除されますが、控除しきれなかった分は、翌年の住民税から控除されます。

共働き夫婦は、住宅ローンでさらにお得！

共働き夫婦は、場合によっては夫婦がダブルで住宅ローン控除を受けられることがあります。夫婦共同名義でマイホームを購入し、ともに住宅ローンを背負えば、夫婦ともに控除を受ける資格があります。

住宅ローン控除は、当人が払った税金以上に控除することはできません。ですから住宅ローン控除の枠が限度額いっぱいの40万円あったとしても、当人が30万円しか税金を払っていなければ30万円しか控除できないわけです。でも、夫婦で住宅ローン控除を受ければ、そのデメリットを防げます。夫の税金が30万円の場合でも、もし妻の税金が20万程度ある場合は、控除枠の満額の税金を取り戻すことができるのです。**夫婦で住宅ローンを受ければ、夫婦双方の税金を軽くできます**。

夫婦で住宅ローン控除を受ける方法は次のとおりです。

- 家の名義を夫婦の共同名義にする（持ち分は2分の1ずつ）
- 家のローンを夫婦で連帯債務する

ただし「夫婦の収入がかけ離れていないこと」が条件になります。

※住宅ローン控除の住民税からの控除には条件があります。詳しくは居住地の市区町村役場の税務課に問い合わせてください。

住宅ローン控除のイメージ

図38 住宅ローン控除可能額

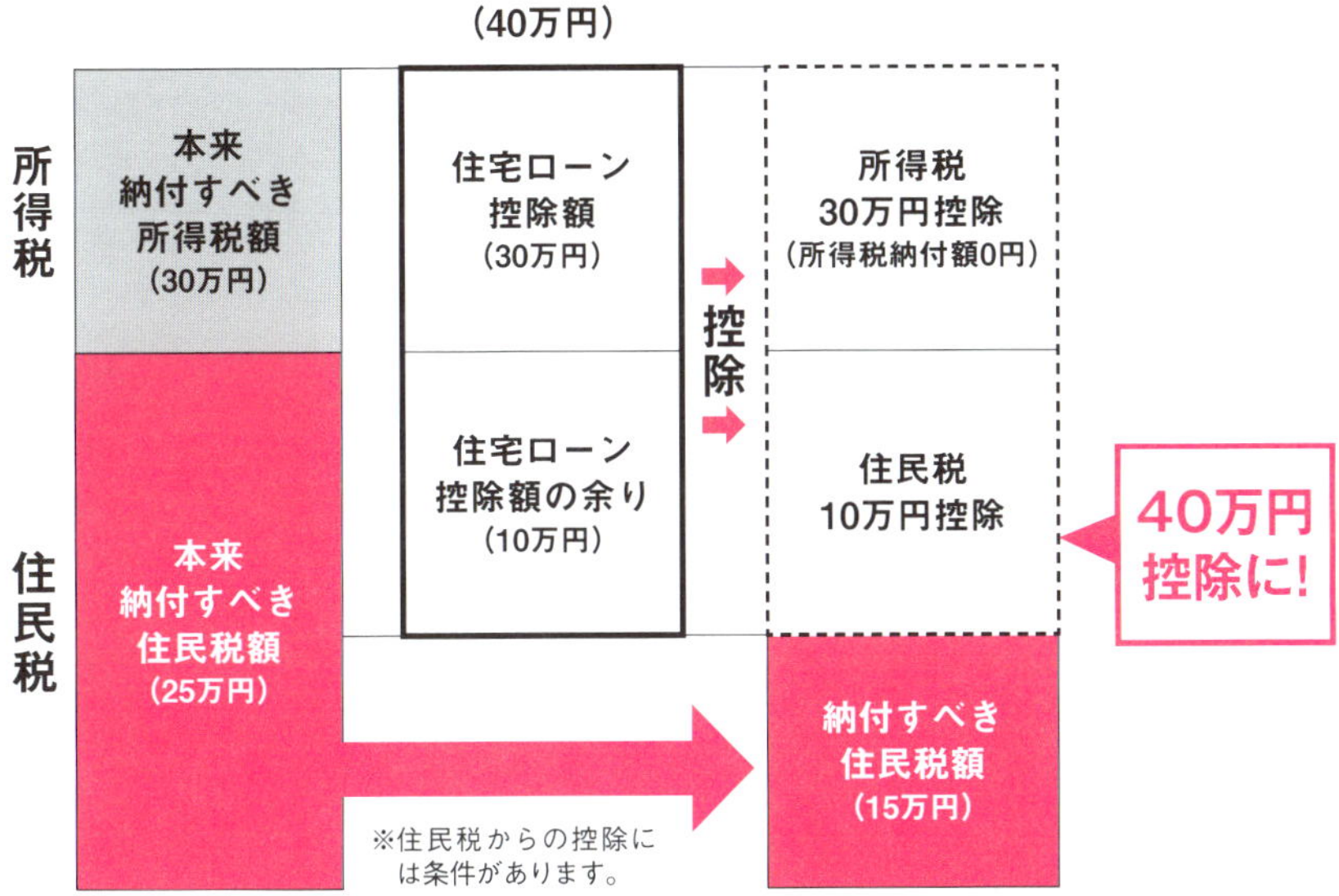

図39 住宅ローンの主な要件

	条件内容
入居者	●住宅を取得してから６カ月以内に入居していること ●入居した年の前後２年間に3,000万円の特別控除の特例や特定の居住用財産の買い替え特例を受けていないこと ●その年の合計所得金額が3,000万円以下であること
住宅	●登記簿上の床面積が50㎡以上で、床面積の2分の1が居住 ●中古住宅の場合、取得の日以前20年以内（マンションは25年以内）に建築されたもの、または一定の耐震基準を満たす建物であること
ローン	●返済期間が10年以上のローンで、割賦による返済であること ●自分が住むための住宅の購入や新築であること ●工事費100万円以上の大規模な修繕・増改築、マンションのリフォームであること
確定申告時必要書類	住民票、登記簿謄本、売買契約書の写し、住宅ローンの年末残高証明書、給与取得者の場合は源泉徴収票

ポイント❶
所得控除

長期優良住宅なら割り増しで控除が受けられる

「認定長期優良住宅」なら、税額控除がさらに高くなる！

購入した家が、政府が認定した「認定長期優良住宅」、「認定低炭素住宅」の場合には、さらに節税できる額が増えます。「認定長期優良住宅」というのは耐久性・耐震性・省エネ性にすぐれた住宅のことで、「認定低炭素住宅」は、耐熱性や二酸化炭素削減の基準を満たした住宅のことです。この2つの住宅ローン控除の限度額は年間50万円です。つまり、通常の住宅ローン控除よりも年間10万円ほど優遇されます。また、認定長期優良住宅、認定低炭素住宅を「自己資金で購入」した人も一定額の控除が受けられます。平成33年12月までに取得した人は、最高65万円の税額控除が受けられます。

また、家を購入しなくても、**増改築をして、国が認めた省エネ改修工事、バリアフリー改修工事、耐震改修工事、太陽光発電装置の設置を行った場合、税金の控除を受けられます**。

住宅ローン控除の手続きは簡単

住宅ローン控除は、控除を受ける1年目は必ず確定申告で必要書類を揃えて税務署に提出しなければいけませんが、2年目の確定申告からは、住宅ローンの年末残高証明書を添付するだけでいいのです。

最初の年の申告も、必要書類を持参して税務署に足を運べば、税務署員がすぐに申告書をつくってくれます。住宅ローン控除は、ローン残高に応じて控除額が自動的に決まるので、税務署員と見解の相違が起こる余地はありませんのでご安心ください。

サラリーマンの場合は2年目からは会社に必要書類を提出すれば、年末調整してくれます。サラリーマン以外の人でも2年目の確定申告からは住宅ローンの年末残高証明書を添付するだけでOKです。

一般に使える所得控除というのは、だいたいこれくらいです。けっこうあるでしょう？　ぜひ、これらの所得控除を使って節税してみてください。

住宅ローン控除制度の概要

図40 住宅ローン控除制度の概要

	一般	固定長期優良住宅 認定低炭素住宅 （＊自己資本で購入した場合）
借入限度額	4,000万円	5,000万円
控除率	1.0%	1.0% （＊10%）
各年の控除限度額	40万円	50万円 （＊65万円）
最大控除額	400万円	500万円 （＊650万円）
控除期間	10年	10年
適用居住年	平成26年4月から 平成33年12月まで	平成26年4月から 平成33年12月まで

	省エネ改修工事 （太陽光発電装置をあわせて設置した場合）	バリアフリー改修工事	耐震改修工事
改修工事限度額	250万円 （350万円）	200万円	250万円
控除率	10%	10%	10%
最大控除額	25万円 （35万円）	20万円	25万円
適用居住年	平成26年4月から 平成33年12月まで	平成26年4月から 平成33年12月まで	平成26年4月から 平成33年12月まで

「税務調査＝脱税」ではない

「税務調査が来る」となると、納税者側からすれば、何も悪いことをしていなくても、「何か悪いことをやったのだろうか？」という不安にかられるものです。しかし、「税務調査される」のと「税金をごまかしている」ことはイコールではありません。

税務調査はどういうときに行われるかというと、原則としては「申告書に不審な点があったとき」ということになっていますが、実際には、必ずしもそうとは限りません。

税務署は1年間に一定の件数の税務調査をしなければならないようになっています。その件数をこなすためには「不審な点がある申告書」だけを調査していても足りませんので、ある程度の規模で順調に事業を続けている事業者は、税務調査が行われる可能性は常にあるのです。一定以上の規模の事業者ならば、数年に一度は税務調査が行われるものなのです。税務調査が来るからといって、必ずしも脱税をしているということではありません。この点はしっかり念頭に置いておきましょう。

税務調査には「事前予告調査」と「抜き打ち調査」がある

個人事業者の方は、税務調査を受けたことがない方も多いため、ここで税務調査とはどういうものかを少し説明します。

税務調査には、大きく分けて2つのやり方があります。

1つは、事前に「○月○日に税務調査をします」ということを納税者に打診した上で行う「予告調査」です。もう1つは、予告はせず抜き打ちで行う「無予告調査」です。本来、税務調査は「予告調査」が原則です。しかし、「あらかじめ重要な情報があり明らかに脱税が見込まれるもの」もしくは「現金商売の場合」は、無予告での抜き打ち調査も認められています。

前者は巨額な脱税事件などに適用されるもので裁判所に許可を取って行われるマルサの調査です。

後者は、不特定多数の顧客を相手に現金で商売する業種、小売業やサービス業などを指します。この業種では売り上げた金を隠してしまえばどこにも記録が残らず脱税が成立する可能性があるので、抜き打ち調査をすることが認められています。

第3章

節税ポイント❷

どれだけ積み上げられるかが決め手「経費を増やす」

ポイント❷ 経費を増やす

事業に関連したものは、すべて経費で落とせる

“公私混合”こそ、個人事業者の醍醐味

この章では、個人事業者を対象とした、節税ポイントとして「経費を増やす」術をご紹介していきます。

サラリーマンは原則として、所得税、住民税の申告はすべて会社が代行してくれます。そして経費の計算なども自動的に行われるので、経費に関して自分で調整する余地がありません。でも個人事業者の場合は、自分の税金に対して意図的に経費を調整することができます。これは個人事業者の特権です。

そして**個人事業者の節税でもっとも必要なのが「経費を増やす」テクニック**です。「経費を増やせば、手元に残るお金が減る」と思う人もいるでしょう。しかし、「経費」というのは実は範囲が広いため、プライベートに関する費用も事業に関連づけることができれば、事業の経費として落とすこともできるのです。そうすればいくら経費を増やしたとしても、手元に残るお金が減るわけではありませんよね？　税金だけが減ります。

経費で落とせるものは意外に多い

具体的にどんなものが経費で落とせるのかというと、まずは、家賃、光熱費です。これを経費に計上できれば、かなり生活費が削減できるはずです。

飲み代、飲食費もけっこう経費で落とすことができます。特に飲み代の経費計上については大企業よりも個人事業者のほうが有利だといえます。個人事業者の場合、接待交際で使える飲食費の上限がないのです。

そのほか、テレビ、書籍、携帯、自動車の免許取得費や英会話学校の授業料、旅行費用も経費で落とすことができます。こうしてみると、生活に関するほとんどが経費で落とせるといえます。さらにキャバクラ代だって大丈夫なのです。

ただもちろん、無条件にすべてを経費にできるというわけではありません。**経費を計上するためには一定の手順を踏まなくてはいけません**。その方法をご紹介していきます。

節税ポイント「経費を増やす」

図41 税金を減らすために、収入を減らす？　経費を増やす？

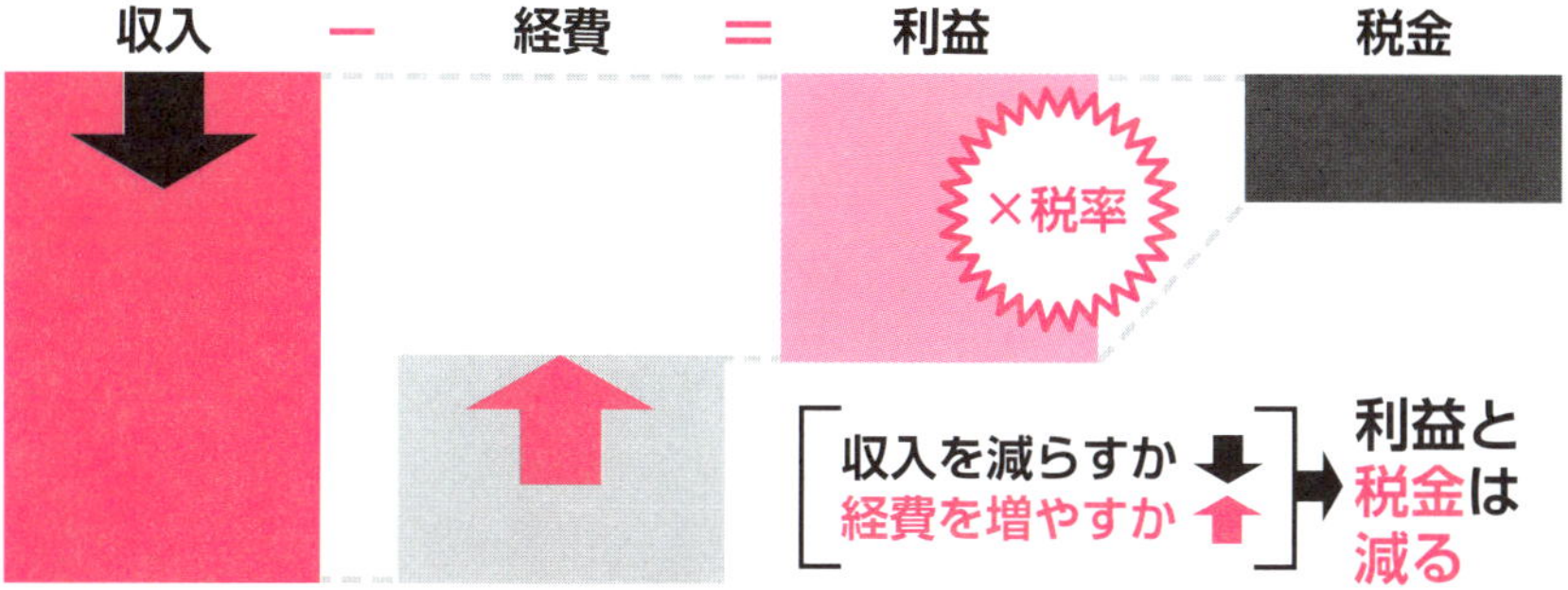

収入を減らすリスクをとるよりも、経費を増やすことがオススメ！

今の支出を見直すと、実は経費になるものが、考えている以上にたくさんあります！

check 専従者給与、専従者控除を活用しましょう！

基本的に個人事業者は、自分自身や配偶者に給料を支払っても経費にすることはできません。しかし例外的に、青色申告では「専従者給与」、白色申告では「専従者控除」の制度が活用できます！　ただし、配偶者控除や配偶者特別控除などが受けられなくなるというデメリットもあるのでご注意ください。

交際費　旅費交通費　仕入費　事務用品費

給料賃金 福利厚生　賃貸料　消耗品費　水道 光熱費

通信費　荷造運賃　広告宣伝費　新聞図書費

税務署からおとがめを受けずに、さらに自分の取り分を圧迫しないように
経費を積み上げていくのが、うまい経費計上のやり方です！
どの経費を増やすのがオススメか、次ページから説明していきます！

会社と個人事業者の違いは「按分《あんぶん》」

経費の落とし方は会社とは大きく違う

会社の経理でも、個人の確定申告でも、事業に関連づければ、どんな領収書も経費で落とすことができます。

しかし、そのテクニックをご紹介する前に、まず念頭に置いていただきたいことがあります。会社と個人事業者での経費の落とし方には大きな違いがあることです。

それは、**個人事業の場合、仕事とプライベートの両方で使っているものの費用は「按分」しなければならない**ということです。たとえば、車を仕事とプライベートの両方で使っていたとします。使っている割合が、仕事6、プライベート4だとした場合、6割を経費で落とすことになります。個人事業者の場合は、この「按分」を考えなくてはなりません。

家賃を経費で落とす

個人事業者の場合、自宅で仕事をしている方も多いと思われます。その場合、もちろん自宅の家賃を経費で落とすことができます。しかし経費に計上できるのは事業に関連する部分だけですので、仕事部分とプライベート部分を按分しなければなりません。では、どう按分すればいいのかというと、**実はこの按分の方法は、税法でも明確な基準はありません。基本的には、仕事で使っている部分とプライベートの部分を広さなどで明確に分けて、割合に応じて家賃を按分することになっています。**

たとえば40㎡の賃貸マンションに家賃10万円で住み、仕事で20㎡を使っていたとした場合は、家賃半額の5万円を経費にすればOKです。しかしほとんどの場合、仕事とプライベートの空間に明確な区分はありませんよね？　そういうときは、仕事に使っている部分を優先的に考えればいいのです。キッチンやバス、トイレ、居間も、一部は仕事に使っていると考えることができます。かといって家賃全部を経費計上するのは難しいものです。家賃や光熱費は6割程度を経費にしておくと無難でしょう。

なお、自宅で仕事をする時間から家賃の経費分を按分する方法もあります。

個人事業者は自宅家賃を経費で落とすことができる！

図42 家賃をプライベート部分と仕事部分で按分計算しましょう！

●一部屋を仕事専用スペースとして確保している場合（面積割）

➡ 仕事部屋の面積 ÷ 建物の延べ床面積 × 家賃 ＝ 1カ月分の経費相当家賃額

●仕事部屋を決めないで自宅で一定時間毎日仕事をする場合（時間割）

➡ 1日の仕事時間 ÷ 24時間 × 家賃 ＝ 1カ月分の経費相当家賃額

例 ワンルーム25㎡　家賃8万円

面積で按分

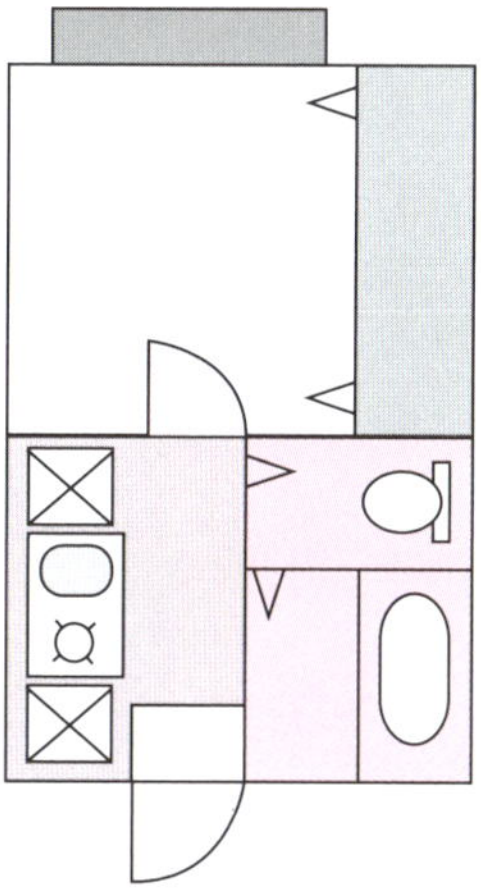

仕事で使っている面積が70%以下なら、家賃からその比率を按分！

➡ 8万円 × 70% ＝ 5万6,000円を経費計上！

時間で按分

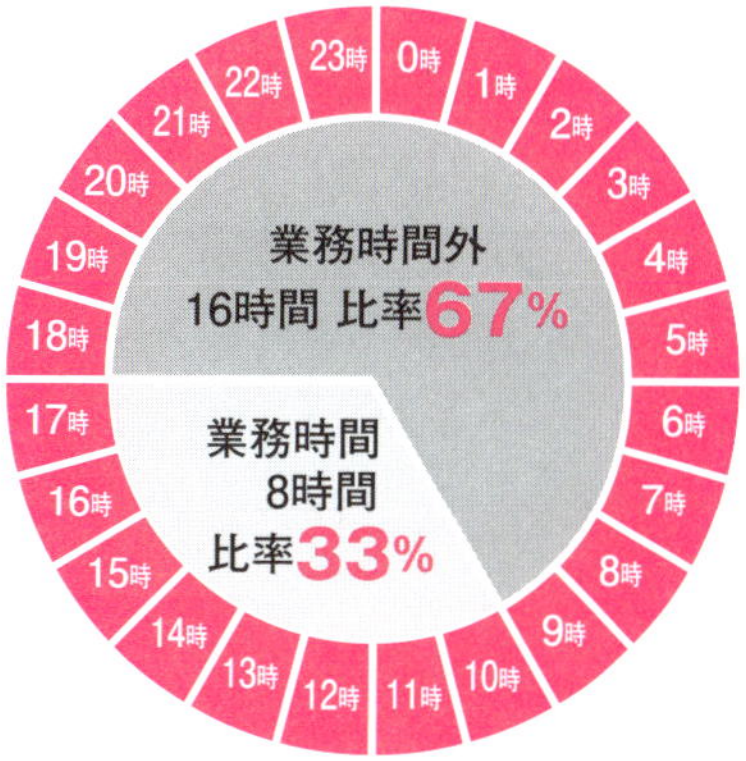

24時間のうち8時間仕事しているなら、家賃からその比率を按分！

➡ 8万円 × (8/24h) ＝ 2万6,600円を経費計上！

時間割の場合、風呂場や物置、押入れなど、仕事に使わなさそうな場所も含まれてきますが、そこまで細かい注意をされることは、ほぼないでしょう。トイレやキッチンも共用することになるので、より厳密に、時間割と面積割の両方を組み合わせて算出する人もいます。

ポイント❷ 経費を増やす

「按分」の目安はどう考えればいいのか？

客観的な根拠に則《のっと》って計算されていればOK

家賃や光熱費は6割を目安に経費計上すればいいと前述しましたが、これは**法律で定められた基準ではない**ので、例外ももちろんあります。非常に広い部屋に住んでいて仕事場はそのごく一部という場合は、家賃の6割を経費に繰り入れるのはまずいでしょう。逆に非常に狭い部屋に住んでいて部屋全体が仕事場になっている場合は、家賃8割以上を経費に計上しても税務署は文句を言えないはずです。また実家に住んでいるフリーランサーが仕事のためだけに別に部屋を借りている場合などは全額経費に算入しても大丈夫でしょう。もし仕事部屋に寝泊まりしたり生活することがあったとしても、仕事をしていなければその部屋は借りる必要がないわけですから。

店舗を借りている事業者も、自宅の家賃を経費に計上できる！

店舗や事務所などを借りている事業者の方もいらっしゃると思います。事業に使っている店舗や事務所の家賃は全額を経費にできることはご存じだと思います。

ですが、自宅の家賃も経費に計上できることを知らない方が多いのではないでしょうか。「店舗や事務所を借りているのなら、自宅の家賃は事業の経費では落とせないだろう？」と考えがちですが、家で仕事をしている時間が少しでもあるのなら、自宅の家賃も事業の経費で落とすことができるのです。

もちろん全額を計上するわけにはいかず、仕事とプライベートで費用を按分しなければなりません。按分方法としては、もし仕事に使っている部屋があれば部屋の広さで按分してもいいでしょう。ワンルームなどで仕事部分とプライベート部分の境目がない場合は、家にいる時間のうち仕事で使っている時間で按分するというのも手です。**要は、按分の客観的な根拠をつくればよい**のです。

ただ、前述した自宅で仕事をしているフリーランサーよりは、家賃を低めに計上して、フリーランサーの半分以下にしておくのが無難でしょう。

図43 家事関連費を按分して必要経費に計上する方法

内容	按分目安	例
家賃	仕事で使っている床面積の割合	床面積60㎡、家賃10万円のマンションで、事務所スペースが30㎡の場合 30㎡÷60㎡=0.5 → 50%が仕事用 10万円×0.5=5万円を家賃に計上！
光熱費	使用時間またはコンセントの数	電気代が年間20万円で、月平均の消費電力が400kwh。そのうち仕事用が100kwhの場合 100kwh÷400kwh=0.25 → 25%が仕事用 20万円×0.25=5万円を水道光熱費に計上！
電話代・インターネット料金	使用時間	インターネットを仕事で使うのが週5日で、年間8万円の場合 5日÷7日（週）＝約0.7 → 70%が仕事用 8万×0.7=5万6,000円をインターネット代に計上
車のガソリン代など	走行距離または仕事に使った日数	年間ガソリン代が20万円で1万km走行し、そのうち仕事での走行距離が6,000kmだった場合 6,000km÷1万km=0.6 → 60%が仕事用 20万円×0.6=12万円をガソリン代に計上！

交際費は広い範囲で使える！

個人事業者は交際費が使い放題！

生活費を経費に計上するとき、使い勝手がいいのは接待交際費です。というのも、個人事業者の交際費は、会社などに比べて税務上、非常に恵まれているからです。

具体的にいえば、個人事業者の交際費には限度額がありません。つまり個人事業者は原則として交際費はいくら使っても経費にすることができるのです。

法人（会社）の場合、接待飲食費の50％相当額を除き、交際費は税務上の経費にはできません。それに比べれば個人事業者の交際費が非課税で限度額がないというのは、大きなメリットといえます。

交際費という勘定科目は、税務署が目くじらをたててチェックするものです。しかし、「仕事に関係する」交際費ならば、まったく遠慮をする必要はありません。

直接仕事に関係した交際費だけでなく、間接的に関係する費用も含めて大丈夫です。一緒に飲食などをすることで仕事上有益な情報を得られる可能性があるのならば、十分に交際費に該当します。

また、事業を行っている人が社会的な付き合いからやむを得ず参加しなければならない会合などの費用も、当然、交際費に含めて構いません。

朝食代も昼食代も交際費で落とせる

交際費を応用すれば、広い範囲で「経費で落とす」ことができるようになります。**朝食でも昼食でも、飲食関係はだいたい交際費で落とすことができます**。

交際費にできるかどうかの基準は、大まかに言って次の3点です。

- 人と会っていること
- 仕事について何らかの話をしていること
- 全額を自分が払っていること

このように交際費はかなり広い範囲で使えるのです。ただ、領収書や相手先の記録、年月日、参加人数、金額、場所などはちゃんと残しておきましょう。

交際費を使いたおす！

図44 企業規模別 交際費の税務比較

	上限金額	計上額
個人事業者	接待交際費の上限なし（無制限）	交際費の100％を経費計上できる
中小企業	●800万円までの接待交際費 ●接待飲食費の50％ どちらかを選択して経費算入可	限度額まで交際費に経費計上できる
大企業（資本金1億円超）	●接待交際費のうち飲食費の50％まで ●1人あたり5,000円以下の飲食費まで経費算入可	限度額まで交際費に経費計上できる

個人事業者の場合は、接待交際費に上限なし！
接待や交際に使った金額は、全額経費として認められます。

図45 交際費として認められる主な支出

- 接待などでの**飲食代**
- 交流会やイベントへの**参加費**
- **お中元**や**お歳暮**
- **ご祝儀**や**香典**
- **お車代**
- 取引先への**商品券**や**ギフト券**
- 取引先との**旅行代**
- **接待ゴルフ**
- 取引先へのお土産など**贈答品**
- **会食、宴会費用**

パソコン、家具、旅行代……こんなものも経費で落とせる！

パソコンや家具

パソコンや家具なども、「仕事に関連づけられる」場合は、当然のことながら事業上の経費で落とすことができます。たとえばテレビの場合、オフィスか仕事をする部屋に置いておき、仕事中につけたり来客時につけたりしているのならまた、テレビで仕事関係の情報を頻繁に収集しているのであればOKでしょう。自分の部屋に置いてプライベートで見ているだけならば不可といえます。

パソコンはすぐに仕事に関連づけられます。家具などもそうやってうまく関連づけてください。気をつけなくてはならないのは、なるべく購入費用を10万円未満に抑えることです。10万円未満であれば、買ったその年に全額を損金にできますが、10万円以上のものだと減価償却となるため、少し面倒な計算が必要となります。そのため10万円未満を狙ったほうがいいでしょう。

携帯電話代などの通信費

パソコン本体のみならず通信料も、携帯電話代も経費で落とすことができます。携帯電話は業務でも必要不可欠なので経費で落としても別におかしくはありません。ただ、プライベートで使うことがあるでしょうから、按分してください。仕事に使っている分とプライベートの分を使用時間で按分するといいでしょう。

情報通信費は、経費で落とせる範囲がさらに広く、プライベートでネットアプリを使っているときに得られた情報が仕事に結びつくことは多々ありますから、そうしたアプリの費用も申告できます。

書籍、雑誌代

「事業に関連するもの」という一定の要件をクリアしていれば、書籍や雑誌の購入費も経費で落とせます。事業に直接関係する書籍や雑誌でなくても構いません。業界や世間の動向を知るためや一般的な知識を得るなど、自己研鑽《けんさん》のために書籍や雑誌を買っていることも多いものです。書籍は仕事のさまざまな「情報収集」になり得ますから、経費として認められる範囲が広いのです。

運転免許費用

技術習得のための費用も経費で落とすことができます。「○○取り扱い資格」といった専門的なものでなくても、車の免許取得も経費で落とすことができます。たとえば車の免許を取れば、営業範囲が広がるなど、資格を取ることで事業を拡大できることは多々あります。

英会話などの受講料

習い事の費用や語学学校の費用も、業務に必要な知識や技能を身につけるためならば、経費で落とすことができます。たとえば昨今の企業活動で外国語がまったく必要ないという事業者はないと言っていいでしょうから、どんな事業者でも英会話学校などの費用は、大体ＯＫでしょう。業務に関係のあるものであれば、専門学校、講座の費用も経費で落とすことができます。

キャバクラ代

キャバクラ代などは、「交際費」か「マーケティング費用」として経費計上する方法があります。つまり、取引先などの接待としてキャバクラを利用する、もしくはキャバクラに行って若い女性はいま何を欲しているのか、流行りは何かなどをリサーチすることで経費として計上できます。

ただ、あくまで「マーケティング」なので、キャバクラで得た情報をレポートなどに残しておくくらいのことはしたほうがいいでしょう。そして、あくまでも仕事上だと言える範囲の頻度にしてください。

旅行代

旅行も、直接関係せずとも、間接的に仕事に関係があるようにすれば経費として計上できます。旅行中に現地視察や現地取材、仕事関係者との打ち合わせや商品開発調査などを入れればいいわけです。ただし、日程のほとんどが観光地巡りになると少しまずいので、日程の半分以上は仕事に関する事柄を入れるようにします。気をつけなくてはならないのは、あくまで「仕事の旅行」という形は崩さないことです。調査レポートなどもつくっておいたほうがいいでしょう。ビジネスで行くという建前がありますので、あまりに豪勢な旅行は避けましょう。

「税務署が正しい」と思ったら大間違い

国民の方々の多くは、「税務署というのは税金のプロ」「税務署員は税金において間違うことはない」と思っておられるでしょう。しかし、これは大きな間違いです。

税務署員というのは、税金をどれだけ多く取ってくるか、という価値観で仕事をしています。だから、たちの悪い税務署員には、納税者の無知につけこんで払わなくてもいい税金をふんだくっていく者もいます。個人事業者の方は、ぜひこの点を念頭に置いてください。

会社の場合は税理士や弁護士がついていたりすることもありますが、個人事業者の場合はあまりそういうことはないので、適当なことを言って追徴税を巻き上げにかかる税務署員がけっこういるのです。

そもそも、税金というのはみなさんが思っているほど、きっちりと決められたものではありません。税金は曖昧な世界です。

そのため、税務署の解釈が正しいのかというと、決してそうではありません。実際に、納税者と税務署の見解が分かれたときには最終的に裁判になり税務訴訟になることもありますが、この税務訴訟では国税側が負けることもしばしばあるのです。

また税務署は、納税者が税務のことを質問したときに、答える義務がありますが、聞かれたこと以外はまったく答えません。「こうしたほうが税金が安くなりますよ」などとは、絶対に教えてくれないのです。

その一方で、申告額が少しでも少なかったりすると、すぐに指摘し、追徴税を課します。

つまり税務署は、「納めすぎたときは黙っているけれど、足りなかったらすぐに文句を言うところ」なのです。

我々納税者としては、税務署の〝性格の悪さ〟をよく理解して対応しなくてはいけません。「彼らの言うことは、必ずしも正しいとは限らない」「彼らは税金を常に取ろうとしており、平気で嘘をつくこともある」ということなのです。

第4章

節税ポイント❸

税金を劇的に安くする節税アイテムを使いこなす

ポイント❸
節税アイテム

配偶者や家族に給料を払う！「専従者給与」と「専従者控除」

家族に給料を払う「専従者給与」という裏ワザ

確定申告では、あまり知られていない裏ワザのような節税方法がいくつもあります。たとえば、「国民年金基金」「経営セーフティ共済」「確定拠出年金」などです。これらは、税務署もすすんでは教えてくれないし、確定申告のマニュアル本にもあまり載っていません。その裏ワザ的な情報を、この章でご紹介していきます。

青色申告の個人事業者は、「専従者給与」という支出が認められています。「妻は仕事の手伝いをしていないが、給料を出してもいいのだろうか？」と思う人もいるでしょう。でも、間接的に手伝ってくれている場合はあるはずです。仕事中にお茶をいれてくれる、仕事部屋を片付けてくれる、仕事の電話の応対してくれるなどは、立派に仕事の手伝いをしていることになります。

青色申告をしている場合は限度額がなく、いくらでも専従者へ給料を出すことができます（もちろん適正額はありますし、事前の届出が必要です）。

白色申告者の「専従者控除」という裏ワザ

白色申告者には最大86万円の控除を受けることができる「専従者控除」があります。これは**配偶者や親、子供などが事業の手伝いをしている場合、配偶者ならば86万円まで、他の親族ならば1人につき50万円まで、給料として事業の経費にできる**、というものです。

ただし、専従者控除を受けるには条件があります。「対象者は専従者として働いていなければならない」、「1年間のうち6カ月以上従事しない場合は控除の対象外」というものです。つまり妻が別のパートの仕事を年間6カ月以上している、母親が週の半分以上は習い事で家を空けているなどの場合は、専従者控除を受けられません。

この専従者控除は領収書の受け渡しがあるわけではないため、**12月末に収支決算をして思ったよりも利益が出ていたときに、控除を使って所得を86万円減らせばOK**です。ただし専従者に、ほかの年間収入が103万円超あると、扶養控除からも外されますので注意を要します。

配偶者を従業員にすると最大86万円の控除！

図46 【青色申告者】の専従者給与の仕組み(青色事業専従者給与)

「青色申告者」の場合は、**支払った給与を経費**とすることができます！

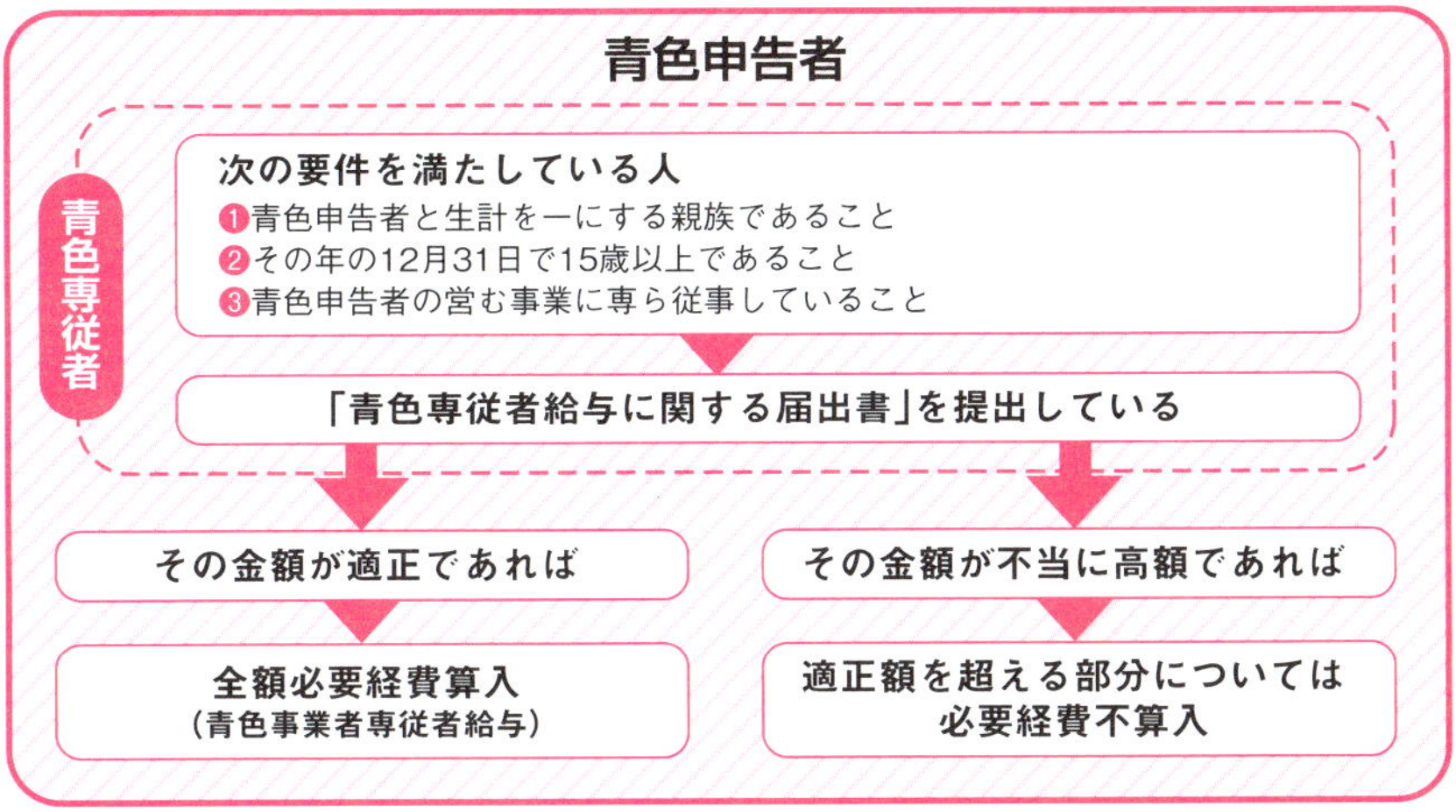
青色申告者
青色専従者
次の要件を満たしている人
❶青色申告者と生計を一にする親族であること
❷その年の12月31日で15歳以上であること
❸青色申告者の営む事業に専ら従事していること
「青色専従者給与に関する届出書」を提出している
その金額が適正であれば
全額必要経費算入
(青色事業者専従者給与)
その金額が不当に高額であれば
適正額を超える部分については
必要経費不算入

給与に金額上限はなく、届出をした一般的な給与金額の範囲内で支払えば、経費にすることができます。「専従者給与」では、専従者給与を支払う年の3月15日までに、「青色事業専従者給与に関する届出書」を納税地の所轄税務署長に提出しなければなりません。

図47 【白色申告者】の専従者控除の仕組み (事業専従者控除)

「白色申告」の場合は、**専従者控除**を受けることができます！

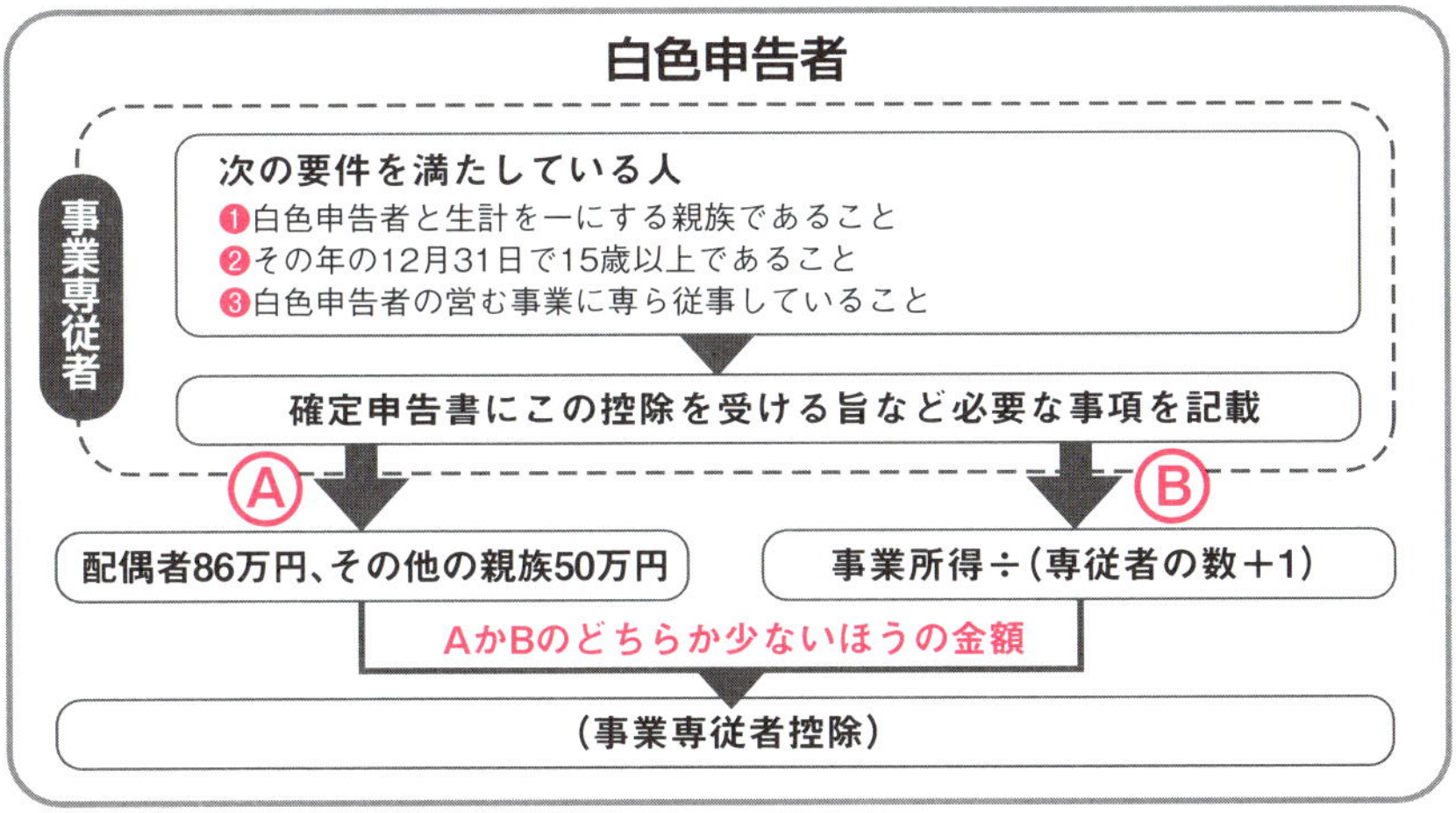
白色申告者
事業専従者
次の要件を満たしている人
❶白色申告者と生計を一にする親族であること
❷その年の12月31日で15歳以上であること
❸白色申告者の営む事業に専ら従事していること
確定申告書にこの控除を受ける旨など必要な事項を記載
Ⓐ
配偶者86万円、その他の親族50万円
Ⓑ
事業所得÷(専従者の数＋1)
AかBのどちらか少ないほうの金額
(事業専従者控除)

白色申告の場合は、確定申告書に専従者控除を受ける旨と、その金額など必要な事項を記載すれば、専従者控除を受けることができます。

ポイント❸
節税アイテム

浮き沈みが激しい業種には特別減税制度がある！

急に収入が多くなったときの救済措置！

非常に浮き沈みの激しい事業があります。作家を例にあげると、いままで作家としての収入が数百万円しかなく、アルバイトで食いつないでいたけれど、賞をとり突然売れだして年収が数千万円になったというようなことがあります。こういう人は日本の税制上ではかわいそうなことに、ずっと貧乏暮らしをしていて高収入になった途端に莫大な税金を取られることになります。

そのような一部の業種の人たちのために「変動所得の特例」という特別減税制度があります。これは、**急に所得が増えた場合は過去3年の平均所得をベースにして、その平均を上回って増えた所得は5年で振り分けたことにして税率を低く**します、というものです。対象者は、漁獲またはのりの採取で収入を得ている人や特定の養殖業者(*)と、原稿または作曲で収入を得ている人、著作権収入の人です。

具体的な例をあげて説明しましょう。過去2年間は平均１００万円の所得だった作家が、今年は急に売れて１１００万円の所得になったとします。つまり例年よりも１０００万円も所得が増額したわけです。この増収分１０００万円を、過去5年に振り分けると1年あたり２００万円の所得増になります。つまり税務計算上、この5年の平均所得は３００万円ということになるのです。所得が３００万円だと今年の所得税率は10%でいいことになります。その結果、１１００万円の所得に10%の税率をかけ、９万７５００円の控除をした金額１００万２５００円が所得税になります。所得税は累進課税になっているので１１００万円の所得があれば通常２０９万４０００円の所得税がかかりますが、約１０９万円も所得税が安くなるのです。

変動所得を受けるには特別な届出はいりません。ただ変動所得の計算は確定申告書の用紙が通常とは別になっているので、税務署で「変動所得の計算書をください」と言って入手するか、国税庁のサイトからダウンロードして入手してください。

＊特定の養殖業者とは、はまち、まだい、ひらめ、かき、うなぎ、ほたて貝または真珠（真珠貝を含む）の養殖業者

知っておきたい変動所得の特例

図48 いきなり大きな収入が入って所得税が高くなりそうなときに！

この5年間、所得平均は100万円
今年は本が売れて、
一気に所得が1,100万円になった！
うれしいけど、所得税が高くなりそう……

例年の所得税

課税所得 100万円 × 税率 5% − 控除額 0円 ＝ 5万円の所得税（例年の所得税）

今年の所得税

課税所得 1,100万円 × 税率 33% − 控除額 153万6,000円 ＝ 209万4,000円の所得税（一般計上した今年の所得税）

大幅に所得税アップ!!

比較すると差額は約109万円に!

変動所得の特例を使うと……

例年からの増収分 1,000万円（1,100万－100万）

1年	2年	3年	4年	5年
200万	200万	200万	200万	200万

過去5年に振り分けたと仮定すると、
5年間の平均所得は300万円（200万円＋100万円）に！

税率は300万円の場合の10%になる

変動所得の特例で今年の所得税を計算

課税所得 1,100万円 × 税率 10% − 控除額 9万7,500円 ＝ 100万2,500円（今年の所得税）

（税率・控除額は）過去5年平均300万円の税率と控除額

※税率や控除額は、所得税の税率と控除額（13ページ）参照

ポイント❸
節税アイテム

知っていると得をする「国民年金基金」

節税しながら老後の資産を蓄積！

一歩進んだ節税法をご紹介しましょう。資産を蓄積しながら、節税ができる方法です。

その1つが、「国民年金基金」です。

国民年金基金というのは、国民年金だけでは十分でないと考える人が掛けられる公的年金です。現在、国民年金は満額で月6万5000円程度です。老後のことを考えると、少ないですね。それに上乗せできるのが、個人事業者のためにある国民年金基金です。

この国民年金基金は、健康保険などの他の社会保険料同様に、支払額の全額を所得から控除できます。つまり、**掛金を全額、所得額から差し引くことができるのです。もちろん掛金は資産として蓄積されます**。

また、国民年金基金は、掛金の額を自分で決められるので、自分の所得に合わせて支払えます。上限は6万8000円です。そして収入が増えて節税策が必要なときに国民年金基金に加入すれば、自分の年金資産をつくりながら節税できます。

たとえば、月額3万円の終身年金をもらうためには、40歳加入で月額3万円を払うことになりますが、これは15年支払い保証なので、万が一、早く亡くなってしまったとしても元は取れます。国民年金基金は、民間の金融機関の金融商品で老後の資金を貯めるよりは、圧倒的に有利だといえるのです。個人事業者の年金は、国民年金だけでは老後の生活資金としてはとても足りません。どうせ税金に取られるくらいならば、そのお金を使って国民年金基金に入るべきでしょう。

ただ、国民年金基金を節税策として用いた場合にネックとなることがあります。それは、**いったん支払ってしまえば、年金としてもらうまでお金は戻ってこないことです**。もし国民年金基金が払えなくなって途中でやめたとしても、その時点で掛け金を引き出すことはできません。その分は将来、年金がもらえる年齢になったら年金としてもらえます。その点を除けば、国民年金基金は優れた「節税商品」だといえます。

国民年金基金の掛金は所得から差し引ける！

図49 国民年金だけでは不十分だと考える人は、国民年金基金を上乗せしましょう！

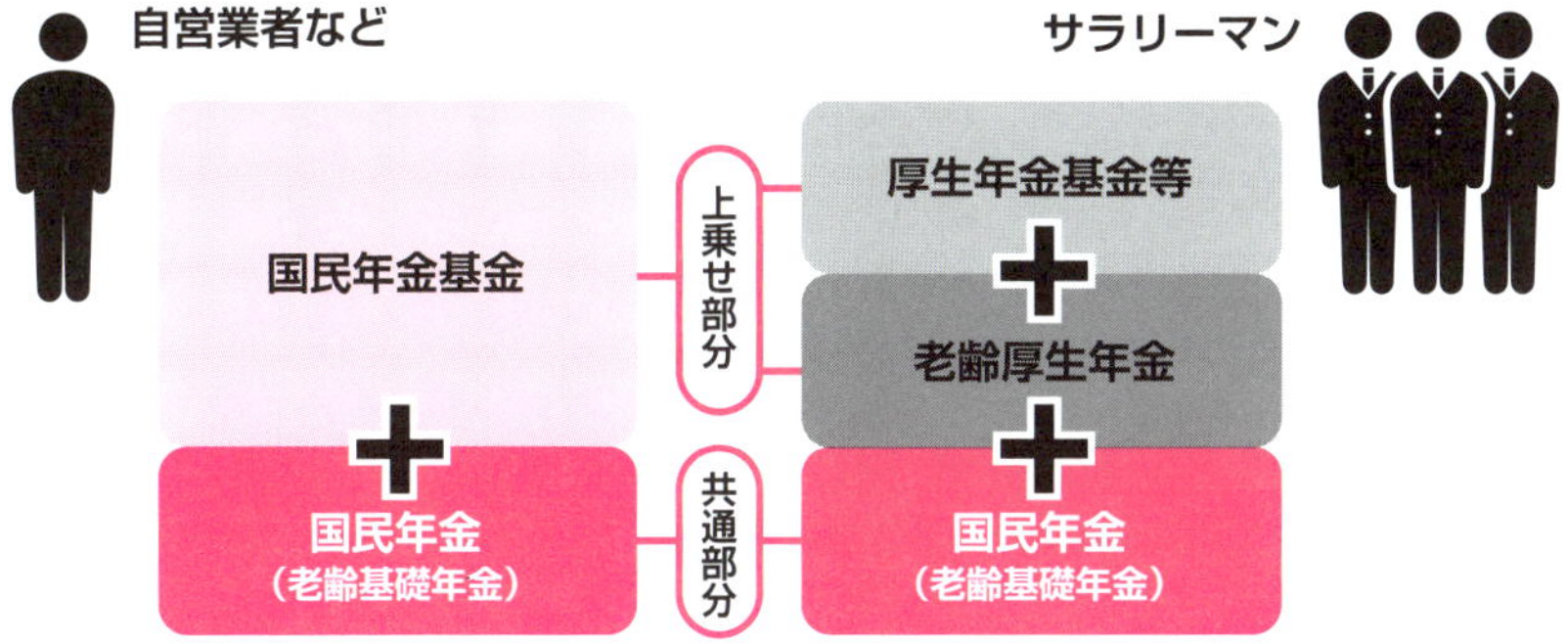

図50 国民年金基金のメリット・デメリット

メリット	デメリット
❶掛金はすべて所得控除される ❷自然に老後資金が貯められる ❸掛けた分のお金は必ずもらえる	❶受給年齢になるまで途中で引き出せない ❷将来的にインフレになった場合、損することがある

図51 国民年金基金の概要

	内容
加入対象者	自営業やフリーランスの人とその配偶者で、保険料を納めている20歳以上60歳未満の人が加入することができます。
掛金	**月額6万8,000円以内で自由に選択できます** ただし、個人型確定拠出年金にも加入している場合は、その掛金と合わせて6万8,000円以内となります。
納付方法	掛金の納付は口座振替により行われます。4月から翌年3月までの1年分を前納すると0.1カ月分の掛金が割引されます。また割引はありませんが、翌年3月までの一定期間分の掛金を一括で納付することもできます。
掛金の変更と解約	**掛金は変更（増口、減口）することができます** 増口は年度内1回に限られます。また解約はできますが、返金はありません。すでに納付した掛金は将来の年金に加算されます。

ポイント③
節税アイテム

共済はうってつけの節税アイテム

税金を劇的に安くする共済

中小企業には、「共済」という節税アイテムがあります。特定の共済に加入すれば、その掛金の全額が経費計上できます（もしくは所得から控除されます）。

共済は、本来中小企業の経営基盤を強化するためにつくられたもので、連鎖倒産を防止するための積立共済や、事業者が退職したときのための積立共済などがあります。これらの**共済には中小企業の経営基盤を強化するだけではなく「節税」というメリット**が付加されているのです。

掛金がすべて経費として計上できる上に、その掛金は全額を積み立てる形態のため、一定期間をおけば掛金が全額戻ってきます。資産を蓄えながら節税もできるので、これほど美味しい話はありません。

もし、とても儲かった年があれば、その年に共済に加入することをおすすめします。共済は前払いができますので1年分の前払いをして、全額を経費で計上すると、儲かった年の税金が安くなる上に、資産を蓄積することができます。その資産は儲からなかった年に引き出せばいいだけの話です。

たとえば、フリーランスのAさんが、ある年非常に儲かって、普段よりも300万円収入が多かったとします。ずっと忙しくて節税をするヒマもなく、12月に所得計算をしたところ、その額の多さに驚きました。そこで、経営セーフティ共済に加入して、満額月20万円の1年分である240万円を前払いしました。この金額は全額を経費計上できます。だから300万円の収入増のうち240万円を共済で消すことができ、税金の増額は10万円で済みました。しかも共済に振り込んだ240万円は40カ月後に利子がついて戻ってきます。つまり、まったく腹を痛めることなく、240万円もの経費を増やせるのです。

この共済の存在を知っているか知らないかで、税金の支払額がまったく違ってきます。

現在のところ、個人事業者の方が使える節税型共済は大きく3つあります。**「経営セーフティ共済」と「小規模企業共済」「確定拠出年金」**です。

図52 個人事業者が節税に使える共済の比較

	国民年金基金	小規模企業共済	確定拠出年金	経営セーフティ共済
掛金月額	~6万8,000円	1,000円~7万円	5,000円~6万8,000円	5,000円~20万円（積立限度800万円）
加入資格	国民年金の第１号被保険者	小規模企業の事業主または会社役員	60歳未満の国民年金加入者	
拠出方法	個人払込	個人払込	個人払込or給料天引	個人払込
税制（拠出時）	掛金全額所得控除対象	掛金全額所得控除対象	掛金全額所得控除対象	経費として計上可
税制（運用時）			運用収益に対し非課税	
税制（給付時）	公的年金等控除の対象	公的年金等控除の対象	年金：公的年金等控除の対象 一時金：退職所得課税	所得として計上可
貸付制度	あり	あり		あり
途中変更	可	可	可	可
途中解約	任意の脱退は不可	可	原則不可	可
受給開始	60歳or65歳	任意のタイミング	60歳～70歳	40カ月後
受給方法	終身年金 確定年金	一括or分割or併用	一括or終身年金or併用	40カ月後に全額返還
メリット	●終身年金コスパ高い	●60歳未満でもお金を引き出すことができる ●掛金を担保に低率で融資が受けられる	●自分で資産運用できる	●掛金は100%損金算入できる ●40カ月以上の加入で全額返還 ●前納すれば0.09%割引
デメリット	●60歳まで引き出せない ●自分で資産運用できない ●利率が低く、固定されている	●自分で資産運用できない ●利率が低い（ただし物価変動は考慮される）	●60歳まで引き出せない ●選択した商品によっては元本割れのリスクが発生する	●解約時には100%所得として計上 ●40カ月未満の解約時には手数料がかかる

ポイント❸ 節税アイテム

儲かった年に活用したい「経営セーフティ共済」

儲けすぎた収益を最大240万円将来に持ち越す

「経営セーフティ共済」とは、取引先に不測の事態が起きたときに資産手当となる共済で、連鎖倒産などを予防するためにつくられた制度です。

簡単にいうと、もし取引先が倒産や不渡りを出して被害をこうむった場合に、毎月積み立てておいたお金の10倍まで無利子で借りることができる、というものです。たとえば毎月10万円ずつ3年間積み立てたとします。積立金は3年間で360万円です。取引先が倒産して大きなダメージを受けたときは、360万円の10倍の3600万円まで無利子で貸してくれるわけです。この倒産防止共済は、個人事業者も使えます。

この制度は、**掛け捨てではなく、掛金の「全額」が積立金となりますから安心**です。また、「掛金を全額経費に計上できる」ため節税になります。経営セーフティ共済は、掛金の額を月額5000円から20万円まで自分で設定できます。1年分の前払いもでき、前払いした分も、

払った年の経費に入れることができます。だから儲かった年の年末に加入して、掛金を最高額の月20万円に設定して1年分払えば、240万円も所得を減らせます。また、途中で掛金の額を減額することもできます。

掛金は約4年後には全額返ってくる

不測の事態が起こらなかった場合は、40カ月以上加入していれば積立金は全額返還されます。また不測の事態が起こらなくても積立金の95％までは借り入れることができます。この場合は利子がつきますが年1％程の低利率です。経営セーフティ共済は、倒産防止保険がついた定期預金のようなものです。

ただ一点だけ注意点があります。**40カ月を経過して掛金が全額返還されたときには所得として計上**しなければいけません。いったん経費に計上したものがおよそ4年後には利益として戻ってくるということです。それでも使い勝手はいいのです。儲かりすぎた年に利益を先送りして、その間に節税策を施せばいいのです。

取引先との連鎖倒産から会社を守り、節税&蓄積！

図53 経営セーフティ共済制度の3つのメリット

ポイント1　掛金の10倍、最高8,000万円まで借入可能
共済金借入額の上限は「回収困難となった売掛金債権等の額」か「納付された掛金総額の10倍（最高8,000万円）」の、いずれか少ないほうの金額となります。共済金の借入は、無担保・無保証人・無利子で受けられます。

ポイント2　税制優遇で高い節税効果！　掛金は必要経費にできる
掛金月額は5,000円～20万円まで自由に選べ、増額・減額できます。また確定申告の際、掛金を、法人の場合は損金として、個人事業者の場合は必要経費として算入できるので、節税効果があります。

ポイント3　解約手当金が受けとれる
共済契約を解約された場合は解約手当金を受け取れます。自己都合の解約であっても、掛金を12カ月以上納めていれば掛金総額の8割以上が戻り、40カ月以上納めていれば、掛金全額が戻ります。

図54 経営セーフティ共済制度の概略

	内容
加入資格	・1年以上事業を行っている企業 ・従業員300人以下または資本金3億円以下の製造業、建設業、運輸業等の業種の会社および個人 ・従業員100人以下または資本金1億円以下の卸売の会社および個人 ・従業員100人以下または資本金5,000万円以下のサービス業の会社および個人 ・従業人50人以下または資本金5,000万円以下の小売業の会社および個人 ・企業組合、協業組合など
掛金	・毎月の掛金は、5,000円から20万円までの範囲内（5,000円単位）で自由に選択できます ・加入後、増額・減額ができます（ただし減額する場合は一定の要件を満たすことが必要） ・掛金は、総額800万円になるまで積み立てることができます ・掛金は、税法上、損金（法人）または必要経費（個人）に算入できます
借入を受ける条件	・加入後6カ月以上経過して、取引先事業者が倒産し売掛金債務などについて回収が困難となった場合
借入金額	・掛金総額の10倍に相当する額か、回収困難となった売掛金債務等の額のいずれか少ない額（一共済契約者あたりの貸付残高が8,000万円を超えない範囲）
借入条件	・無担保・無保証人・無利子。ただし、借入れた共済金額の10分の1に相当する額は、掛金総額から控除されます
返却期間	・借入金額5,000万円未満は5年、借入金額5,000万円以上6,500万円未満は6年、借入金額6,500万円以上8,000万円以下は7年（いずれも据置期間6カ月を含む）。返済は毎月均等償還
一時貸付金の借入	・加入者は取引先事業者に倒産の事態が生じない場合でも、解約手当金の範囲で臨時に必要な事業資金を借入れられます
加入の申込先問い合わせ先	・金融機関の本支店・商工会連合会・市町村の商工会・商工会議所・中小企業団体中央　など

ポイント❸ 節税アイテム

儲けすぎた利益を将来に持ち越す「小規模企業共済」

年末に84万円の所得を減らせる優れた節税策！

「小規模企業共済」は、小規模企業（法人や個人事業）の経営者向けに運営されている共済制度で、主に彼らの退職金代わりに利用されています。**毎月お金を積み立てて、自分が役員を退任するときや会社を廃業するときに、通常の預金利子よりも有利な利率で共済金（生活資金、退職金、事業資金など）を受け取る**ことができます。

たとえば毎月5万円の掛金で10年間掛け続けた個人事業者の方がいるとします。その方が事業をやめるとき、6百数十万円を受け取ることができるのです。

「経営セーフティ共済」と同様に、掛金の全額を所得から控除できます。掛金は会社の経費とはなりませんが、経営者や役員の所得からは全額控除されるので、経営者や役員個人の節税になります。

掛金は月に1000円から7万円までです。そして前納することができ、1年分の前納額は全額を支払った年の所得控除とすることができます。そのため、年末に月7万円の掛金で加入して、1年分を前納すれば、84万円もの所得を年末に一気に減らすことができます。小規模企業共済は貯金しながら自分の課税所得を減らすのと同じことなのです。

また、共済金を受け取った場合、税制上、公的年金と同じ扱いになります。公的年金は普通の所得にかかる税金と比べれば、額が半分くらいに抑えられるというメリットがあります。

ただ、原則として掛けたお金は、その**事業をやめたときにしか受け取ることができませんので、預貯金と違って自由に引き出すことはできません**。事業を廃止しなくても解約できますが、その場合は給付額が若干少なくなります。掛金の7割程度を限度にした貸付制度もあるので、運転資金が足りないときなどは活用できます。

また、事業を法人化したときには共済金を受け取れます。そのため、個人事業の間に共済金を積み立てて、会社を設立するときに取り崩すという、法人化に向けた資金貯蓄としても使えます。

1年間に最大84万円を所得から控除できる！

個人事業を廃業したとき

法人が解散したとき

役員を退任したとき

小規模企業共済制度に加入していると、事業をやめたときに掛金が受け取れ、生活資金や退職金、事業資金にできる

図55 小規模企業共済の3つのメリット

ポイント1 掛金は全額が所得控除できるから、高い節税効果！

積立金額すべてが所得控除の対象。「小規模企業共済等掛金控除」として控除できるので、所得税・住民税が節税できます。月々の掛金は1,000円～7万円まで自由に設定ができ（500円単位）、加入後も増額・減額できます。

ポイント2 受取時も税制メリットがたくさん！

共済金の受取は、退職・廃業時にできます。満期や満額はありません。共済金の受け取り方は「一括」「分割」「一括と分割の併用」が可能です。一括の場合は「退職所得控除」、分割の場合は「公的年金等控除」の対象となり、税制メリットがあります。

ポイント3 低金利の貸付制度を利用できる

契約者は、緊急時や災害時などに、掛金の範囲内で事業資金等の借入れができます。低金利で、即日貸付けも可能です。

図56 小規模企業共済の概略

	内容
加入資格	□ 従業員が20人（商業とサービス業では5人）以下の個人事業者や中小企業の経営者、役員
掛金	□ 月々1,000円から7万円までの範囲内で自由に選べます（500円単位） □ 加入後、すぐに掛金の増額・減額ができます（減額の場合、一定の要件を満たすことが必要） □ 業績が思わしくなくて掛金を納めることができない場合は、「掛け止め」もできます
共済金の受取	□ 事業を廃業したとき、会社の場合は役員を退任したとき、など
加入の申込先 問い合わせ先	□ 金融機関の本支店・商工連合会・市町村の商工会・商工会議所・中小企業団体中央会など

ポイント❸
節税アイテム

税金を安くするための強力アイテム「確定拠出年金」

確定拠出年金は年金を手厚くする3本目の矢

「老後破産」という言葉が流行しているように、昨今、多くの人が老後の生活に不安を抱えていると思います。少子化が進んでいく中で公的年金の給付水準を維持していくのは難しく、今後は給付額がどんどん下がっていくことが予想されます。しかし、確定拠出年金をうまく使えば、老後はまったく安泰だといっても過言ではありません。「iDeCo（イデコ）」の愛称で話題になることが多い、個人型の確定拠出年金です。

これは、**「私たち個人が自分で年金を積み立てられるようにすること」**を目的としています。つまり、公的年金の不足分を各人の自助努力によって補ってもらおうという、各人が準公的な年金に入り、毎月一定の金額を積み立てて（掛金を拠出して）、運用も自分でして、60歳以降に年金または一時金で掛金を受け取る、「自分でつくる公的年金」のようなものです。

確定拠出年金の掛金は、全額、課税所得から控除されます。確定拠出年金は、銀行や証券会社などの金融機関が窓口になっていて、窓口金融機関は自分で選ぶことができます。

確定申告の方法

個人型確定拠出年金に入っている人は、確定申告をする必要が生じます。これは、自営業者にかかわらず、サラリーマンも同様です。確定拠出年金の掛金については「小規模企業共済等掛金控除」として所得から控除されることになります。

確定拠出年金の加入金融機関から、年末に「小規模企業共済掛金払込証明書」という書類が届きます。この小規模企業共済掛金払込証明書と、サラリーマンの場合は源泉徴収票を税務署に持っていけば確定申告ができます。また、この確定申告は還付申告なので、1年のいつでも申告できます。

必要書類は立場で若干違いますので、税務署に一度確認をしてください。

老後を支える新たな年金制度

図57 老後の生活を支える新たな年金制度「確定拠出年金」

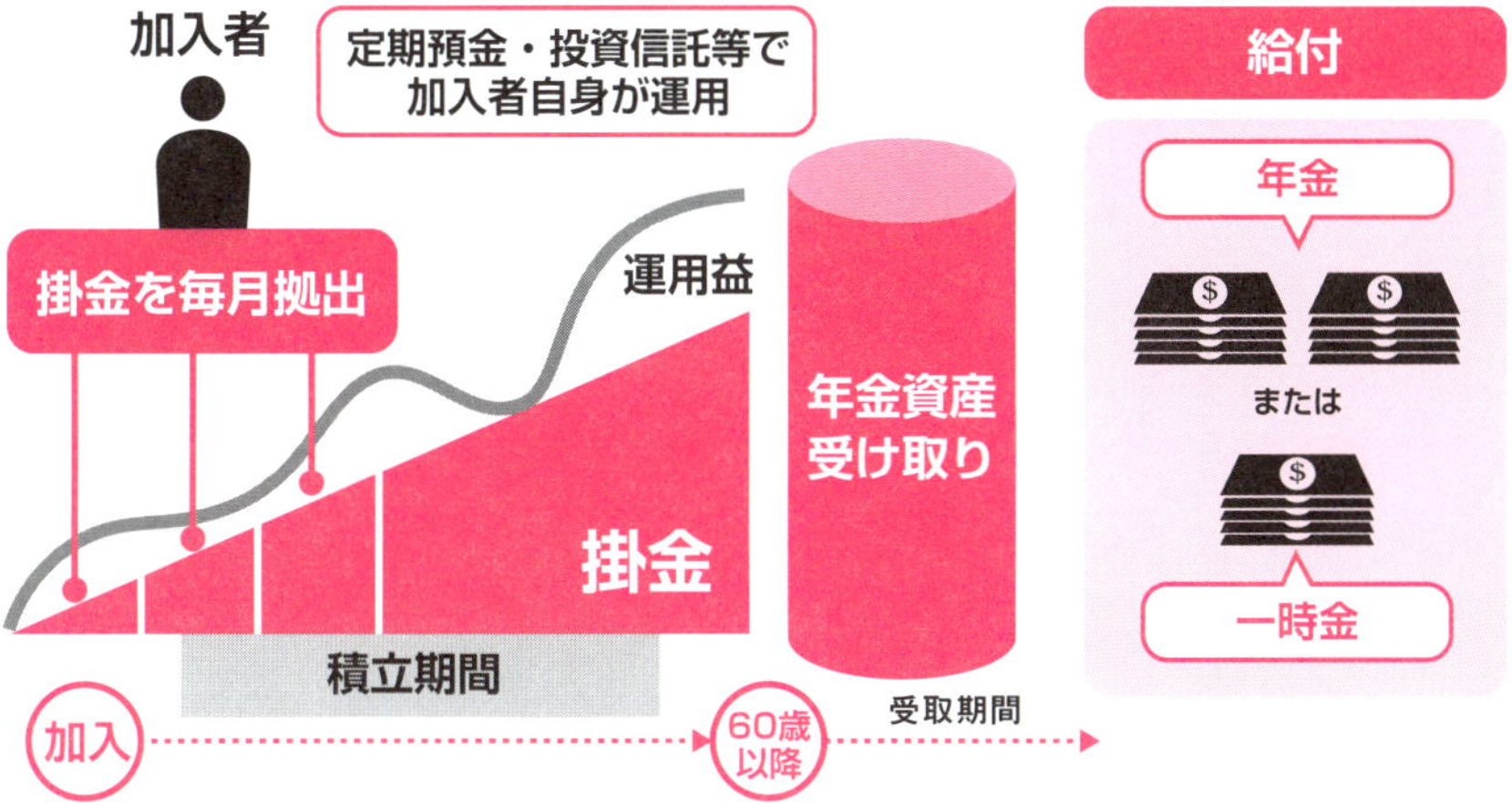

※「元本確保型」の商品もありますが、投資信託等の商品の場合は元本を下回る可能性もあります。
※月額の掛金には上限があります。また、掛金の前納や追納はできません。

1 掛金
毎月5,000円から1,000円単位で設定！

2 運用
好きな商品で運用できる

3 受取
60歳から70歳までの間に受け取れる！

図58 確定拠出年金の流れ

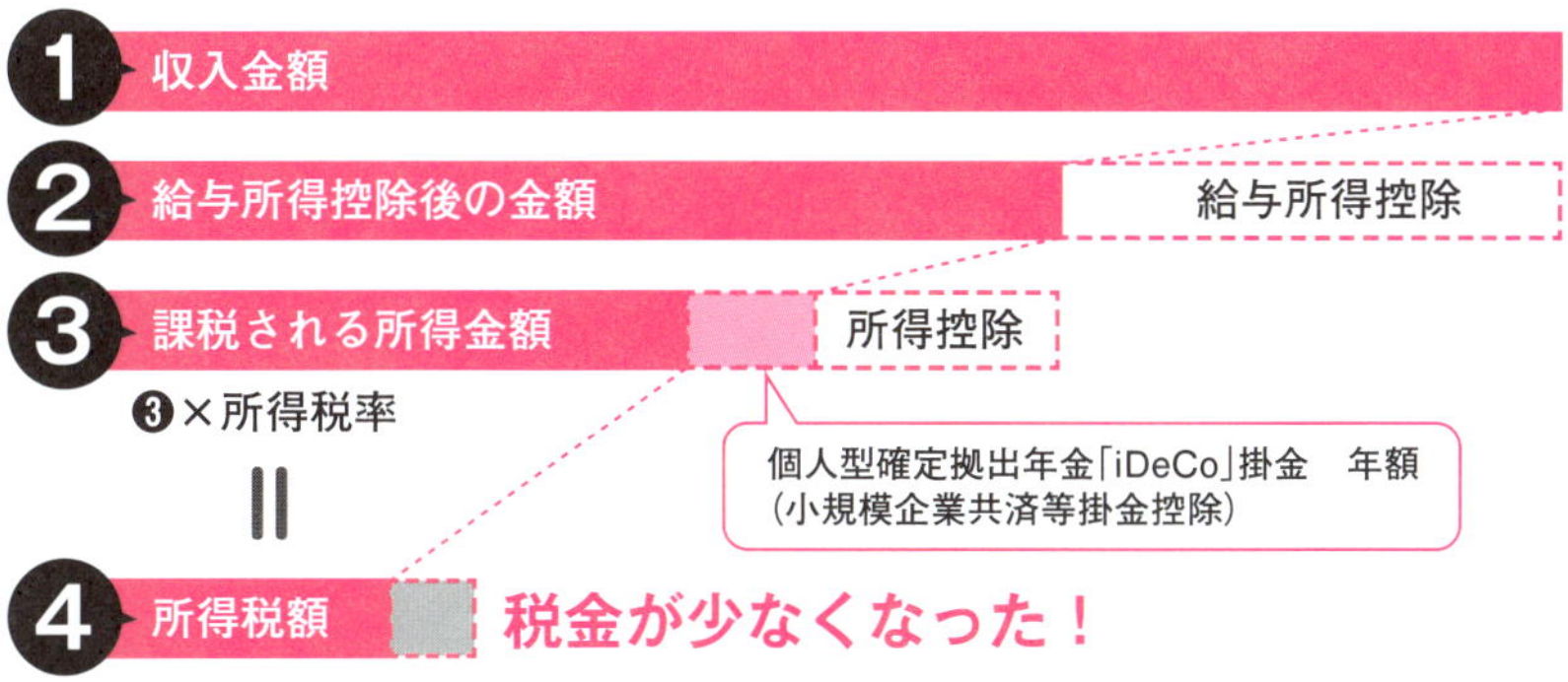

■を将来のために確定拠出年金で蓄えると、■だけ税金が安くなる。

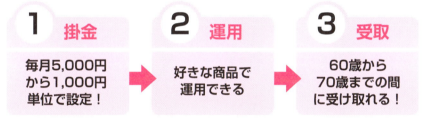

ポイント❸
節税アイテム

3度の税制メリットが得られる「確定拠出年金」

「掛けるとき」「運用するとき」「受給するとき」に税金が安くなる

確定拠出年金では具体的にどう得をするのかを説明していきます。主なメリットは次の3つです。

- **掛金が全額所得控除となる（所得税・住民税を減らせる）**
- **年金運用で利益が出たとき非課税となる（運用益にかかわる約20％の税金）**
- **年金として受け取るときも、所得税、住民税の優遇措置が受けられる**

確定拠出年金の掛金は全額所得控除

老後資金を、預金で貯蓄するのと確定拠出年金にするのとで大きく違うことは「確定拠出年金を使えば、税金が安くなり、節税できる」という点です。普通に貯蓄をする場合、「自分の収入」の一部をあてますよね。これは、所得税、住民税を払った後の収入をあてていることになります。たとえば、サラリーマンが年間30万円貯蓄したとします。収入の約15％には所得税と住民税がかかっていますので、もとは約35万円の収入を得ていたものから、15％の5万円が税金で差し引かれ、残った30万円を貯蓄していることになります。

ところが確定拠出年金の場合は、掛金から所得税と住民税が控除されます。だから35万円を確定拠出年金にあてれば税金が引かれず、そのまま積み立てられます。この5万円の差は大きいです。20年続ければ１００万円も受け取る金額が変わってきますから、老後の生活も変わりますよね。要するに、確定拠出年金に掛けたお金は、税金が課せられる前の所得から差し引け、その分税金が安くなり、自分で貯蓄するよりも有利になるのです。

掛金は、限度額の範囲で自分で設定することができます。自営業者の掛金上限は月6万８０００円、企業年金のあるサラリーマンは上限月2万７５００円、企業年金のない中小企業のサラリーマンは上限月2万３０００円です。自営業者が掛金上限の月6万８０００円を30年掛け続ければ、老後資金が３６０万円も違ってきます。

確定拠出年金の税制優遇措置

図59 確定拠出年金には、3つの税制優遇措置がある！

住民税と所得税が
軽減できる！

運用収益が
すべて非課税に！

退職金や年金として
所得控除が適用！

税制優遇 その1

掛金が全額所得控除！
たとえば、毎月2万円ずつ掛金を拠出した場合、税率20%とすると年間4万8,000円（仮に35歳から60歳までの25年間掛け続けると総額120万円）の所得税・住民税が軽減されます。

税制優遇 その2

運用益も非課税！
通常、金融商品の運用益には税金（源泉分離課税20.315%）がかかりますが、確定拠出年金の運用益は非課税です。

税制優遇 その3

受け取るときも税制優遇措置がある！
老齢給付金を一時金として受け取る場合は「退職所得控除」、年金として受け取る場合は「公的年金等控除」という大きな控除が受けられます。

図6 個人型確定拠出年金の掛金上限額

営業		上限額（月額）
自営業者		6万8,000円
会社員	企業年金なし	2万3,000円
	企業型DCのみあり	2万0,000円
	企業年金あり	1万2,000円
公務員		1万2,000円
専業主婦		2万3,000円

ポイント❸
節税アイテム

老後資金を貯める最強の制度「確定拠出年金」

運用によって生じた収益は、すべて非課税！

あまり知られていませんが、通常、お金を貯蓄したときの利子や、投資をして得た運用益には、約20％の税金がかかります。これらの税金は金融機関で源泉徴収されるので気づいていない人も多いのです。

でも、20％も課税されるというのはけっこう大きいですよね。たとえば100万円の利子を受け取った場合や資産運用で100万円の利益が出たりした場合、実は20万円の税金が差し引かれているのです。

しかし、確定拠出年金なら、この税金もかかりません。確定拠出年金は、原則として自分の年金資金を自分で運用する仕組みになっていますから、多少の運用益が出ます。**この運用益や利子に対して、まったく税金が課せられない**のです。そのまま複利的に資産が蓄積されていくことになります。国民年金だけでは老後の生活資金をとてもまかなえませんから、確定拠出年金によって年金を増やしておきましょう！

公的年金扱いで控除の対象！

確定拠出年金は、原則として60歳以上で年金（分割）、もしくは一時金として受け取ることになっています。ご存知のように日本の国民は収入を得た場合には原則として所得税と住民税を払わなければいけません。

しかし、この60歳のときに受け取るお金は、**収入という扱いではなく、「公的年金の収入」扱いとなります。**公的年金は給与収入などに比べて非常に優遇されていて、課税最低額が高く設定されています。特に65歳以上の場合は税金が非常に安くなります。

また、65歳未満の人は公的年金を70万円以上もらえば税金がかかり、65歳以上の人は公的年金を120万円以上もらえば課税されますが、すべての人には基礎控除の38万円があり、社会保険料控除などもありますので、その控除を含めると、払う税金は少なくて済みます。確定拠出年金は非常に有利な老後資金の貯蓄方法で、定期預金するよりも、ずっとお得です。

確定拠出年金のメリットは大きい

図61 確定拠出年金の概要（自営業者の場合）

	内容
加入資格	□ 満20歳以上60歳未満 □ 国民年金保険料を納付していること（障害基礎年金受給者を除き、全額免除・半額免除等を受けていないこと） □ 農業者年金基金に加入していないこと
掛金	□ 掛金は月額5,000円以上で指定できます（1,000円単位） ただ、加入者の職業等によって上限金額が定められています。公務員：月額1万2,000円まで、会社員（企業年金あり）：月額1万2,000円・2万円（※1）、会社員（企業年金なし）：月額2万3,000円、専業主婦（夫）：月額2万3,000円、自営業：月額6万8,000円（※2）。 ※1 企業年金の種類によって異なりますので、詳しくは加入資格とともに確認してください。 ※2 国民年金基金や付加保険料と合わせて6万8,000円が限度額です。また国民年金保険料未納月は掛金を納めることはできません。
拠出限度額	年間 81万6,000円（月額6万8,000円） － 国民年金基金等への年間拠出額 ＝ 拠出限度額 たとえば国民年金基金に年額48万円（月額4万円）拠出している人なら、確定拠出年金への拠出限度額は年額33万6,000円（81万6,000円 － 48万円）で月額2万8,000円となります。国民年金の付加保険に加入している人の年間拠出限度額は80万4,000円（月額6万7,000円）になります。
受取	□ 60歳以降にまとめて一括でもらう、または分割でもらうことができます。なお、万が一、60歳より前に高度の障害になってしまった場合や、死亡してしまった場合には、その時点でもらうことができます。
加入の申込先 問い合わせ先	□ 金融機関の本支店・商工連合会・市町村の商工会・商工会議所・中小企業団体中央会など

ポイント❸ 節税アイテム

減価償却を知れば、満足度の高い節税ができる！

車の購入費も経費で落とす

節税策の1つとして、「車を買う」という方法があります。ただ、車を経費で落とす場合には若干面倒な手続きがあり、購入費を一括で経費にすることはできません。車は「減価償却資産」だからです。

「減価償却」という言葉を、聞いたことがありますよね？減価償却とは「何年にもわたって使う高額なもの」を購入したときに、買った年に費用として一括計上するのではなく、耐用年数に応じて按分して経費として計上することです。

減価償却は、取得価額が10万円以上の固定資産が対象です。10万円未満のものを購入した場合は、全額をその年の費用に計上して構いません（ただし、取得価額が10万円以上20万円未満のものを購入した場合は、減価償却せずに、一括償却資産として、使用した年以後3年間にわたり、3分の1相当額ずつを必要経費とすることもできます）。

減価償却には、定額法と定率法がある

減価償却の方法は、「定額法」と「定率法」の2種類があります。

「定額法」は耐用年数に応じて、毎年同じ額だけ減価償却費を計上します。「定率法」は毎年、資産の残存価額に一定の率を掛けて、毎年の減価償却費を計上します。

定額法は毎年同じ金額を減価償却しますが、定率法は最初に減価償却費が大きく、だんだん少なくなっていきます。どちらにするかは自分で選択できます（不動産は定額法のみ）。ただし定率法にしたい場合は、確定申告までに税務署に届出書を出さなければいけません。届出を出さなかった場合は、自動的に定額法になります。

個人事業者も、減価償却では、車を購入した場合、車の維持費であるガソリン代、駐車場代、車検、自動車税なども当然経費に計上できます。

ただし仕事とプライベートの割合で按分するのを忘れないようにしなければなりません。

10万円以上のものを購入したら減価償却資産になる！

図62 減価償却の対象になる資産

減価償却資産

- **有形固定資産**：建物、車両運搬具、器具備品、機械装置など
- **無形固定資産**：ソフトウェア、特許権、商標権、実用新案権など

図63 減価償却の耐用年数の例

構造・用途	耐用年数
ラジオ、テレビ、音響機器	5年
パソコン（サーバー用のものを除く）	4年
自動車（普通車）	6年
冷暖房用機器	6年
電気冷蔵庫、電気洗濯機	6年
接客業用以外の応接セット	8年
時計	10年
エレベーター	17年
鉄骨鉄筋コンクリート建物（事務所用）	50年

図64 減価償却の耐用年数の例

200万円で耐用年数5年の物品を購入した場合

定額法

購入費用 200万円

取得価額×定額法償却率＝減価償却費

1年目	2年目	3年目	4年目	5年目
減価償却費 40万円	減価償却費 40万円	減価償却費 40万円	減価償却費 40万円	減価償却費 40万円

毎年、一定額の減価償却費を計上するのが「定額法」

定率法

購入費用 200万円

（取得価額−定率法償却費の累計）×定率法償却率＝減価償却費

1年目	2年目	3年目	4年目	5年目
減価償却費 80万円	減価償却費 48万円	減価償却費 28万8,000円	減価償却費 21万6,000円	減価償却費 21万6,000円

毎年同じ割合（定率）を費用化するのが「定率法」

- ▶節税のためには、早く費用化できる「定率法」が有利
- ▶「定率法」を選択する場合は税務署への事前の届出が必要です

ポイント❸ 節税アイテム

減価償却のキホン「定額法」と「定率法」

減価償却の「定額法」の計算式

定額法の計算は、次のように行います。

購入費 × 償却率 × 使用した月数／12
＝その年の減価償却費

たとえば、120万円の車を購入して、この自動車を仕事とプライベートで半分ずつ使っているとしましょう。普通車の耐用年数は6年です。定額法で耐用年数6年の場合は償却率が0・167となりますので、120万円×0・167＝20万400円という計算になります。

仕事とプライベートで半々で使用している場合は経費が半分計上となりますから、10万200円が1年間の減価償却費となります。よってこの場合は、10万200円を6年にわたって経費計上していくことになります。

もし7月にこの車を購入していた場合は、資産を新たに買った年は使った期間で按分するため、半年分（12分の6）の減価償却費となり、購入した年の減価償却費は5万100円となります。

減価償却の基本「定率法」の計算式

「定率法」は、毎年、資産の残存価額に同じ率を掛けて減価償却費を算出します。計算式は次のとおりです。

残存価額 × 償却率 × 使用した月数／12
＝その年の減価償却費

残存価額というのは、その資産から減価償却された金額を差し引いた価額です。定率法で耐用年数6年の場合は、償却率は0・333となります。したがって最初の年は、120万円×0・333＝39万9600円を仕事とプライベートで按分して、19万9800円が1年間の減価償却費となります。

2年目は、車の残存価額は100万200円となります（購入費120万円－前年の減価償却費19万9800円）。残存価額に償却率0・333を掛けた33万3066円が減価償却費となり、これを仕事の割合50％で按分した16万6533円が、この年の経費算入金額になります。同様にして、翌年以降も計算していきます。

図65 定額法と定率法の違い

定額法の減価償却計算式

購入費 × 定額法の償却率 × 使用した月数 ÷ 12 ＝ その年の減価償却費

定率法の減価償却計算式

残存価額 × 定率法の償却率 × 使用した月数 ÷ 12 ＝ その年の減価償却費

図66 「定額法」の減価償却率、「定率法」の減価償却率、改定償却率、保証率

平成24年4月1日以後に取得した減価償却資産の割合

耐用年数	定額法	定率法		
	償却率	償却率	改定償却率	保証率
2	0.500	1.000	—	—
3	0.334	0.667	1.000	0.11089
4	0.250	0.500	1.000	0.12499
5	0.200	0.400	0.500	0.10800
6	0.167	0.333	0.334	0.09911
7	0.143	0.286	0.334	0.08680
8	0.125	0.250	0.334	0.07909
9	0.112	0.222	0.250	0.07126
10	0.100	0.200	0.250	0.06552
20	0.050	0.100	0.112	0.03486
30	0.034	0.067	0.072	0.02366
40	0.025	0.050	0.053	0.01791
50	0.020	0.040	0.042	0.01440

注）耐用年数は１年刻みに規定があるが、ここでは抜粋

check! 定率法で気をつけるべきポイント

定率法には保証率というものがあり、減価償却費が購入費×保証率で求める償却補償額を下回った場合は、改定償却率を使って償却することになります。たとえば120万円の車（普通車）を購入した場合、耐用年数６年の場合の保証率は、0.09911となるため、120万円×0.09911で、減価償却が11万8,932円を下回った場合は、その年から改定償却率を使って、毎年同じ金額を償却することになります。

ポイント❸ 節税アイテム

4年落ちの中古車は節税の切り札

中古資産の購入がオススメ

節税のために車を買うならば、新車よりも4年落ちの中古車を買うことがオススメです。この場合の中古資産の耐用年数は、次のような計算式になります。

(法定耐用年数 − 経過年数) ＋ (経過年数 × 20%)
＝ 耐用年数 (1年未満切り捨て)

したがって、4年以上経過している中古車は耐用年数が2年となります。中古資産の耐用年数は2年以上にはならないので、経過年数が4年より長かったとしても、耐用年数はこれ以上短くなりません。そのため4年以上経過した中古車が、耐用年数は最短となるわけです。

耐用年数が2年ならば、定額法だと1年間に購入費の半分を減価償却費として計上できます。定率法では、耐用年数2年の場合は償却率が1・000です。つまり購入費の100%を減価償却できます。**事業が好調で経費をたくさん計上したいというときには、4年落ちの中古車などはうってつけのアイテム**です。

一方で、「すでに車は持っている」という人は、その**車を購入してから6年未満の場合、事業用に組み入れて減価償却することができます**。購入したときから減価償却をしているとみなして計算して、その残存価額を申告します。たとえば、120万円の車を2年前に購入したとします。事業に使っている割合は50%です。その場合、最初の購入価額は120万円の50%で60万円だったことになります。次に、買ってから2年経過しているので定額法で2年間減価償却をしたとして計算します。

- **60万円÷6年(耐用年数)＝10万円 ←1年分の減価償却費**
- **10万円×2年分＝20万円 ←すでに減価償却しているとみなされる額**

つまり、現時点での車の価額は40万円(60万円−20万円)ということになります。この40万円を耐用年数の残りの4年で減価償却すればいいのです。ただ平成19年4月以前に購入したものは、税制改正前の減価償却の方法を使わなくてはいけません。

中古車を買って節税する方法

図67 定額法と定率法で異なる償却費

中古資産の耐用年数の計算式

中古資産の耐用年数 ＝（法定耐用年数 − 中古資産の経過年数）＋（中古資産の経過年数 × 20%）

たとえば、4年経過した中古車の場合、車の法廷耐用年数は6年で、経過年数は4年のため、以下の計算式となります。

（法定耐用年数 6年 − 経過年数 4年）＋（経過年数 4年 × 20% 20%）＝ 耐用年数 2年

1年未満は切り捨て

4年以上経過している車は耐用年数2年！

定額法で計上した場合

耐用年数2年の償却率は**0.500**のため、購入して1年で、購入費の**半額**を減価償却費に計上できます！

定率法で計上した場合

耐用年数2年の償却率は**1.000**のため、購入して1年で、購入費の**全額**を減価償却費に計上できます！

例 新車（120万円）と4年落ちの中古車（120万円）の場合の減価償却費比較。
仕事で50%を使用しているため、60万円が経費となる場合

	新車		4年落ちの中古車	
	定額法	定率法	定額法	定率法
1年目	¥100,200	¥199,800	¥300,000	¥599,999
2年目	¥100,200	¥133,266	¥299,999	−
3年目	¥100,200	¥88,889	−	−
4年目	¥100,200	¥59,467	−	−
5年目	¥100,200	¥59,467	−	−
6年目	¥98,999	¥59,110	−	−

税務調査をされにくい申告書のつくり方

一定の規模を持ち、普通に営業をしている事業者ならば、税務調査が行われる可能性があります。しかし、そのような事業者のすべてに定期的に税務調査があるわけではありません。税務署の人数はさほど多くはありませんので、ある程度は申告書を見て、条件を絞り、税務調査をする事業者を選ぶことになります。

では、税務署は申告書のどこを見て、どういう基準で税務調査をする事業者を選ぶのでしょうか？　たとえば、3つの例があげられます。

- **売上が上昇しているのに、利益があまり出ていない事業者**
- **「あの店は繁盛している」という噂があるのに、申告額があまり多くない事業者**
- **例年と比べて数値の変動が大きい事業者**

3つ目の例は、たとえば例年は人件費が年間1,000万円くらいしかかかっていないのに、今年は1,500万円になっているなどの場合に、架空の人件費を計上して脱税しているのではないかなどを疑うわけです。このような事業者は脱税を疑われやすく、税務調査の対象となりやすくなります。

しかし、「売上が上がっているのに、利益が上がっていない」などの事業者でも脱税しているとは限りません。今年は仕事の利益率が下がったから、たくさん仕事を引き受けなければやっていけず、そのために売上だけ上がったという事情があるケースも多々あります。

そのため、事前に税務調査をある程度避けるための方法をお伝えします。それは、税務署が不審を抱かないように、あらかじめこちらから事情を説明するという方法です。

申告書の収支内訳書には、「本年中における特殊事情」という欄があります。この欄に事情を書き、自分が決して税金を誤魔化していないということを説明しておくのです。税務署も無駄な税務調査はしたくないので、詳細な事情が書かれていると助かります。申告書にはいろいろな資料を添付することもできます。特殊事情の欄は限られていますので、スペースが足りなければ別紙に書いたり、より詳細な資料を添付しても構いません。

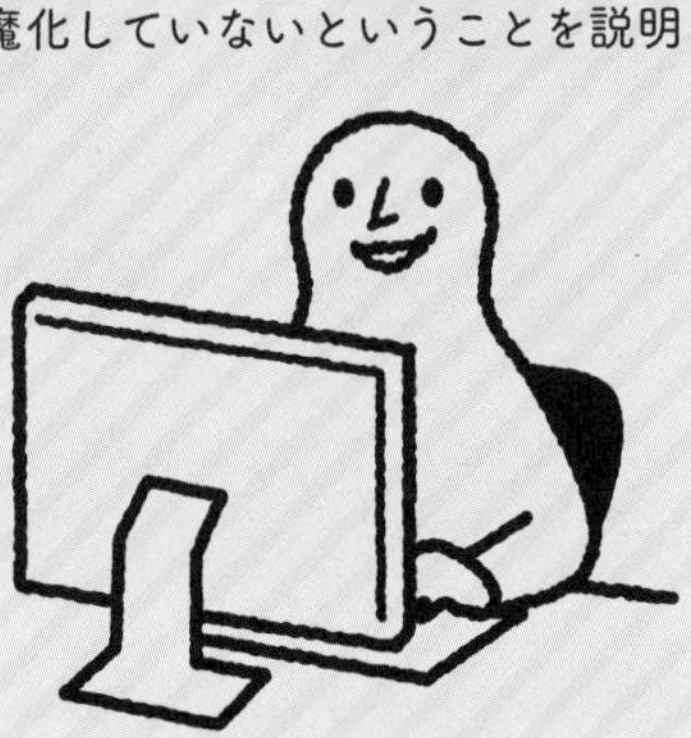

第5章

自分でできる！
確定申告の書き方ガイド

申告前に知っておこう、誤解だらけの確定申告

確定申告の期限は1カ月遅れても大丈夫！

「確定申告は3月15日まで」と国税庁は宣伝していますが、**事実上の申告期限は4月15日**です。通常申告が遅れれば「無申告加算税」といって5％の税金上乗せペナルティが課せられます。しかし申告期限から1カ月以内に申告をして納付期限内に税金を納めた場合は、無申告加算税は課せられません。つまり、3月15日までに納税だけをしておき、それから1カ月後までに申告をすればペナルティはないということです。1カ月以内ならば免除されます。

忙しくて3月15日までに申告ができない人は、とりあえず税金だけは払って、1カ月以内に申告しましょう。

確定申告で間違えたことに気づいたら⁉

慌てて確定申告をしたばかりに、間違えて税金を納めすぎてしまったという場合には、申告期限から5年間のうちに**「更正の請求」**という手続きを行えば税金が戻ってきます。更正の請求というのは、間違えていた部分を記載して、税務署に提出する手続きです。税務署がそれをチェックして間違いがなければ税金が返ってきます。

更正の請求は記載が面倒なので、どこを間違えたのか証拠になるものを税務署へ持って行き、「税金を多く申告していたので更正したい」と窓口で言うと、申告書をつくってくれます。

反対に申告が少なすぎるときは、**「修正申告」**を出さなければなりません。これも過去5年までさかのぼることが可能です。もし自分から修正申告せずに税務署の調査や指導で修正させられた場合は、過少申告加算税を払わなくてはなりませんのでご注意ください。

また一度も確定申告をしたことのない人（たとえばサラリーマン）で、税金を納めすぎていたことがわかった場合には、確定申告をすると納めすぎた所得税の還付を受けることができます。これを**「還付申告」**といいます。還付申告ができる期間は、その年の翌年の1月1日から5年間です。つまり5年前の還付申告もできます。

確定申告は修正可能です

図68 「更正の請求」「修正申告」「還付申告」

	更正の請求	修正申告	還付申告
こんなときに使おう！	「確定申告を出したけれど、間違えていた！」 ●納めた税金が多すぎた場合 ●還付される税金が少なかった場合	「確定申告を出したけれど、間違えていた！」 ●納めた税金が少なかった場合 ●還付される税金が多すぎた場合	「納めた税金が多すぎていたことに気づいた！」 ●今まで自分で確定申告をしたことがない場合 ●納めた税金が多すぎた場合
目的	還付のため	追加納税のため	還付のため
有効期限	法定申告期限から5年以内	法定申告期限から5年以内	翌年1月1日から5年以内

図69 こんな人は、「還付申告」をしたほうがいいかも（一例）

還付申告の事例	適用される控除など
退職をしたけれど、年末調整を会社から受けていない	
副業の報酬から源泉徴収されている	
個人年金保険の受け取り金から源泉徴収されている	
多額の医療費を支払った	医療費控除
住宅ローン控除の対象者である	住宅借入金特別控除
認定住宅を新築・購入した	認定住宅新築等特別税額控除
災害や盗難で住宅や家財に損害を受けた	雑損控除
年末調整後に成人した子供の国民年金保険料を支払った	社会保険料控除
年末調整後に婚約や親との同居があった	配偶者控除・扶養控除

領収証をもらい忘れてもレシートが代わりに

領収書やレシートを紛失しても大丈夫

事業の経費計上をするときは、必ず領収書がなくてはならないわけではありません。税金の申告は事実に基づいて行われなければなりませんが、経費の支払いを証明できればよいのです。つまり、**ちょっとした支払いや買い物ならばレシートで十分**です。

もし領収書やレシートを紛失しても、あきらめることはありません。支払い金額の詳細がわからない場合は、何年何月何日にどういう内容で、このくらいは払ったという額を明示しておけばいいです（図70）。つまり**概算だとしても、実際に支払いがあって、その支払いが実際より少ないものならば計上して構いません**。

実態とのかい離がなければ税務署は否認できない

領収書などがなくても、その支払いが事実であれば、基本的には税務署に認められます。納税者が「自分の申告が正しい」という証明をしなければ認められないのではなく、税務当局がその申告が正しくないことを証明できない限り、申告は認められるものです。そのため、実態とかけ離れていない額ならば、税務署としては認めざるを得ないのが現実です。

ただ、わざと紛失するのはよくありません。基本は「領収書を取っておくこと」です。故意に領収書を保管しておかない場合は申告が不正確だとして税務署から調査される恐れもあります。もちろん、何の根拠もない経費を計上するなどは絶対にNGです。経費というのは、税務署が本気で調べようと思えば、かなりの部分で調べられるものなのです。たとえば、「●●の店で飲食した」という場合、その店に問い合わせれば、すぐにそれが事実かどうか判明します。そして、架空の経費を計上していることがばれたら、重加算税という罰金的な税金を払わされる上、青色申告の人は青色申告を取り消されたりすることもあります。またその後、税務署から徹底的にマークされることになります。

くれぐれも、妙な気は起こさないようにしましょう。

概算でも、経費として認められる!?

図70 領収書やレシートがない場合には「取引の記録」を明示する！

必要な記録内容	記録例
支払った日	20○○年○月○日
支払った金額	50,000円
支払先	○○商会株式会社
支払った内容	商品Aの搬入運搬費用

図71 費用がわからないときの概算算出法

週に2～3回、地下鉄で近くの取引先に訪問している電車代（交通費）を概算する場合

頻度	週に２～３回
地下鉄運賃	A駅～ D駅
	400円（往復分）

↓

週に２～３回	週に2.5回
年間出勤日	4週×12カ月=48週

↓

１年間の回数	2.5回×48週=120回
1年間の金額	120回×400円=48,000円

↓

年間交通費は4万8,000円で算出

青色申告より白色申告のほうがトク!?

青色申告は本当にオススメできるのか

個人事業者が確定申告をする場合、2つの方法があります。「青色申告」と「白色申告」です。

「青色申告」は、個人事業者に帳簿をしっかりとつけてもらうために税務当局がはじめたもので、青色申告の条件に従って帳簿をつけた人は恩恵にあずかることができます。そのため、税金マニュアルや経理雑誌などではよく青色申告をすすめています。しかし筆者は、青色申告にあまりメリットがなく、むしろ個人事業や経理初心者にとってはデメリットが多いと考えています。

まず、青色申告のメリットは主に以下の4つです。

- **65万円の所得控除が受けられる**（簡易記帳の場合は10万円）
- **家族が事業の手伝いをしている場合に給料を支払える**
- **事業の赤字分を翌年以降3年間にわたって繰り越せる**
- **貸倒引当金を設定できる**

これらの青色申告の特典は確かによいものです。しかし青色申告には以下のようなデメリットもあります。

- **記帳が難しい**
- **税務署の目が厳しくなる**
- **現金主義をとっていると青色申告特別控除額が減額**

青色申告は原則として、複式簿記で記帳しなければなりません。これは経理初心者にとって大きな負担です。だからといって税理士に頼めば月数万円はかかり、青色申告で得られる節税額の数倍の費用が必要となります。

また、複式簿記は損益計算書か貸借対照表のどちらかにミスがあった場合は数字が一致しなくなるため、計算の誤りに気づきやすいので、税務署がミスを見つけたら言い訳は通用せず、不正だとみなされます。

さらに個人事業者は現金が入ってきたときに売上計上する「現金主義」をとっている人も多いのですが、税務署や金融機関は商品・サービスを相手に引き渡したときに計上する「発生主義」を重宝します。そのため現金主義をとっている人は、控除額が65万円から10万円に減額されてしまいます。

「青色申告」と「白色申告」の比較

図72 「青色申告」「白色申告」のメリット・デメリット

	青色申告		白色申告
特別控除	青色特別控除 65万円	10万円	なし
決算書の作成	貸借対照表・損益計算書 すべて記入	一部未記入でも可	なし （収支内訳書を作成）
決算書の種類	青色申告決算書、確定申告書B		収支内訳書、確定申告書B
記帳義務	正式な複式簿記	簡易簿記 （単式簿記）	簡易簿記 （単式簿記）
計上タイミング	発生主義	発生主義 現金主義 ＊現金主義を選択した場合、特別控除は10万円に減額される	現金主義
事前の届出	あり		なし
開業届	あり		なし
専従者給与 （家族への給与）	青色専従者給与 家族の給与は基本的に全額経費として認められる		専従者控除 配偶者： 最大86万円 配偶者以外： 最大50万円
赤字の繰越	青純損失の繰越控除 ３年間繰り越しOK		なし

控除はあるけれど
決算書の作成が
難しい！

決算書は少し
楽だけれど
青色特別控除額が
大幅に減額

控除は
ないけれど
決算書は簡単！

白色申告ならどんぶり勘定でいい

証票類の整理も簡単、税務調査などで厳しい措置がとられにくいというメリットがあります。

自己申告時のメリット・デメリット

◇白色申告の主なメリット
- **記帳が青色申告に比べてだんぜん簡単**
- **証票類の整理も青色申告に比べて簡単**
- **税務調査などで厳しい措置がとられにくい**

◇白色申告のデメリット
- **青色申告のメリットである控除が受けられない**
- **税務署からの信用がない**

経理処理というのは、思っている以上に、時間がかかりますよね。複式簿記で記帳するとなると、どれくらいの時間を要することになるのかと気が重くなる人もいるかと思います。

トータルして考えると、青色申告よりも白色申告のほうが、メリットが大きいという人も多いと思います。どちらがメリットがあるかを考えて、選択しましょう。

白色申告は帳簿づけが簡単

白色申告は、はっきり言って、青色申告に比べると帳簿を細かくつけなくてよく、格段に記帳が楽です。基本的には小遣い帳や家計簿とほとんど変わりません。

「売上などの収入金額、仕入れや経費に関する事項」を記せばいいのです。また、「記帳に当たっては、1つひとつの取引ごとではなく日々の合計金額をまとめて記載するなど、簡易な方法で記載してもよい」とされています。これだけで白色申告者の記帳義務はクリアできます。

また、白色申告する人も収入金額や必要経費を記載した帳簿は7年間、領収書などの証票類は5年間保存しておかなければなりませんが、どれとどれの証票をとっておかなければならないという明確な基準はありません。経理に関する証票類は残しておけ、というだけのことなのです。

青色申告には認められる控除などのメリットは受けられませんが、記帳は青色申告に比べてかなり簡単ですし、

「青色申告」と「白色申告」の手順

図73 「青色申告」と「白色申告」の申告方法

青色申告

1. 「個人事業の開業・廃業等届出書」を提出（開業日から1カ月内に提出）
2. 「所得税の青色申告承認申請書」を提出（開業日から2カ月内に提出）
3. 青色申告の要件に基づいた詳細な記帳を行う
4. 前年度分の確定申告を青色申告で行う（申告は当年の2月16日～3月15日まで）

白色申告

1. 簡単な記帳を行う
2. 前年度分の確定申告を白色申告で行う（申告は当年の2月16日～3月15日まで）

※平成26年からは、白色申告者も含めて、すべての事業者に記帳義務が課せられています

白色申告から青色申告へ変更

1. 「所得税の青色申告承認申請書」を開業日が当年1月15日以前の場合には3月15日までに、開業日が1月16日以降の場合には開業日から2カ月以内に提出
2. 青色申告の要件に基づいた記帳を行う
3. 前年度分の確定申告を青色申告で行う（申告は当年の2月16日～3月15日まで）

図74 青色申告の概要

(1)原則

新たに青色申告を申請する人は、その年の3月15日までに「所得税の青色申告承認申請書」を納税地の所轄税務署長に提出しなければなりません。

(2)新規開業した場合（その年の1月16日以後に新規に業務を開始した場合）

業務を開始した日から2カ月以内に「所得税の青色申告承認申請書」を納税地の所轄税務署長に提出しなければなりません（新規に事業を開始したのが、その年の1月15日以前の場合は3月15日までに提出）。

(3)相続により業務を承継した場合

相続開始を知った日（死亡の日）の時期に応じて、それぞれ次の期間内に「所得税の青色申告承認申請書」を納税地の所轄税務署長に提出しなければなりません。

1. **死亡の日がその年の1月1日～8月31日の場合：死亡の日から4カ月以内**
2. **死亡の日がその年の9月1日～10月31日の場合：その年の12月31日まで**
3. **死亡の日がその年の11月1日～12月31日の場合：その年の翌年2月15日まで**

確定申告に向けての事前準備

復習！　確定申告を行う必要がある人とは？

確定申告を行う必要がある人は、たとえば、**個人事業者やフリーランス**で収入を得ている人はもちろんのこと、**給与の年収が2000万円超の人、年間で400万円超の公的年金などを受け取っている人、副収入があり、その所得金額だけで20万円を超える**人などが当てはまります。税金を納めるための確定申告は義務ですので、必要のある人は忘れずに申告してください。

一方、給与収入のみで勤務先で年末調整を行った人や、公的年金などの収入金額が400万円以下で公的年金等以外の所得が20万円以下の人は、確定申告の必要はありません。しかし、勤務先の会社が年末調整を行っていても、**医療費控除などの控除を受けるためには、自ら確定申告を行う必要があります**。税金を納めすぎた場合に申告することを、確定申告の「還付申告」といいます。この還付申告は義務ではなく権利です。確定申告を行うことで還付を受けられますので、本書を読み返して、自分が還付を受けられるケースがないかを確認してみてください。

申告書の提出は、持参、郵送、インターネット

確定申告書の提出期間は、基本的に2月16日から3月15日です（還付申告の場合は年中受付）。

では提出先はどこなのかというと、**申告者自身の住民票の住所を管轄している税務署**です。個人事業者は「所得税・消費税の納税地の変更に関する届出書」を提出することによって、事務所のある地域を管轄している税務署へ提出先を変更することもできます。

提出方法は、3つあります。

- **税務署に持参する**
- **郵送する**
- **インターネットを使った電子申告方法（e-TAX）を活用する**

郵送で提出する場合は3月15日までの消印が有効となります。

確定申告の必要がある人

図75 確定申告って誰がするの？

個人事業者&フリーランサー

- □ 事業主として収入がある
- □ 赤字を出した
- □ アパートやマンションのオーナーとして家賃収入がある
- □ 脱サラしてフリーになった

など

サラリーマン

- □ 副業の収入が20万円を超えている
- □ 2カ所以上から給料をもらっている
- □ 中途退職をして年末調整を受けていない
- □ 家族のパートやアルバイト収入が103万円を超えている

など

年金生活者

- □ 年金収入が400万円を超えている
- □ 退職金を受け取って年金生活をしている
- □ 年金のほかに、給料を受け取っている
- □ 年金生活をしながら不動産経営の収入がある

など

所得控除を受けて還付される可能性のある人

- □ 医療費が10万円を超えた
- □ 生命保険料や個人年金の掛金を支払った
- □ 配偶者と離婚した／死別した
- □ 配偶者、子供、親を養っている
- □ ふるさと納税や寄付をした
- □ 天災によって被害を受けた

など

図76 申告書の提出方法

税務署に持参	税務署に郵送	インターネットで申告（e-TAX）
●管轄の住所の税務署に申告期間内に提出しましょう ＊土日、祝日は通常受付を行っていません	●消印の日付が提出日とみなされます ●履歴が残る「書留郵便」などで出すことがおすすめです ●宅配便やゆうメール、ゆうパック、ゆうパケットは利用できません	●e-TAXを利用するためには、事前に「電子申告・納税等開始届出書」を税務署に提出する必要があります ＊電子証明書とICカードリーダーライターなどが必要となります

「確定申告書B 第一表」記入例
個人事業者、フリーランサーの申告書の書き方

❶
提出先の税務署名、提出する日付、申告年度を記入する。

❷
申告者住所、個人番号（マイナンバー）、氏名、電話番号、職業、屋号などを記入。

❸
青色申告をする場合は「青色」に ○をする。

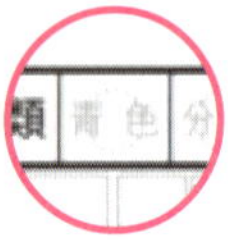

❹
個人事業者が1年間に稼いだ「収入」を記入。源泉徴収前の事業の売上額を記入する。その他の収入がある場合は該当欄に記入。

❺
所得金額を記入する。所得金額は青色申告決算書の1枚目の「所得金額㊺」と一致する。「事業」の「営業等①」に事業で得た金額を記入する。その他の収入がある場合は該当欄に記入する。①から⑧の合計の金額額を⑨に記入。

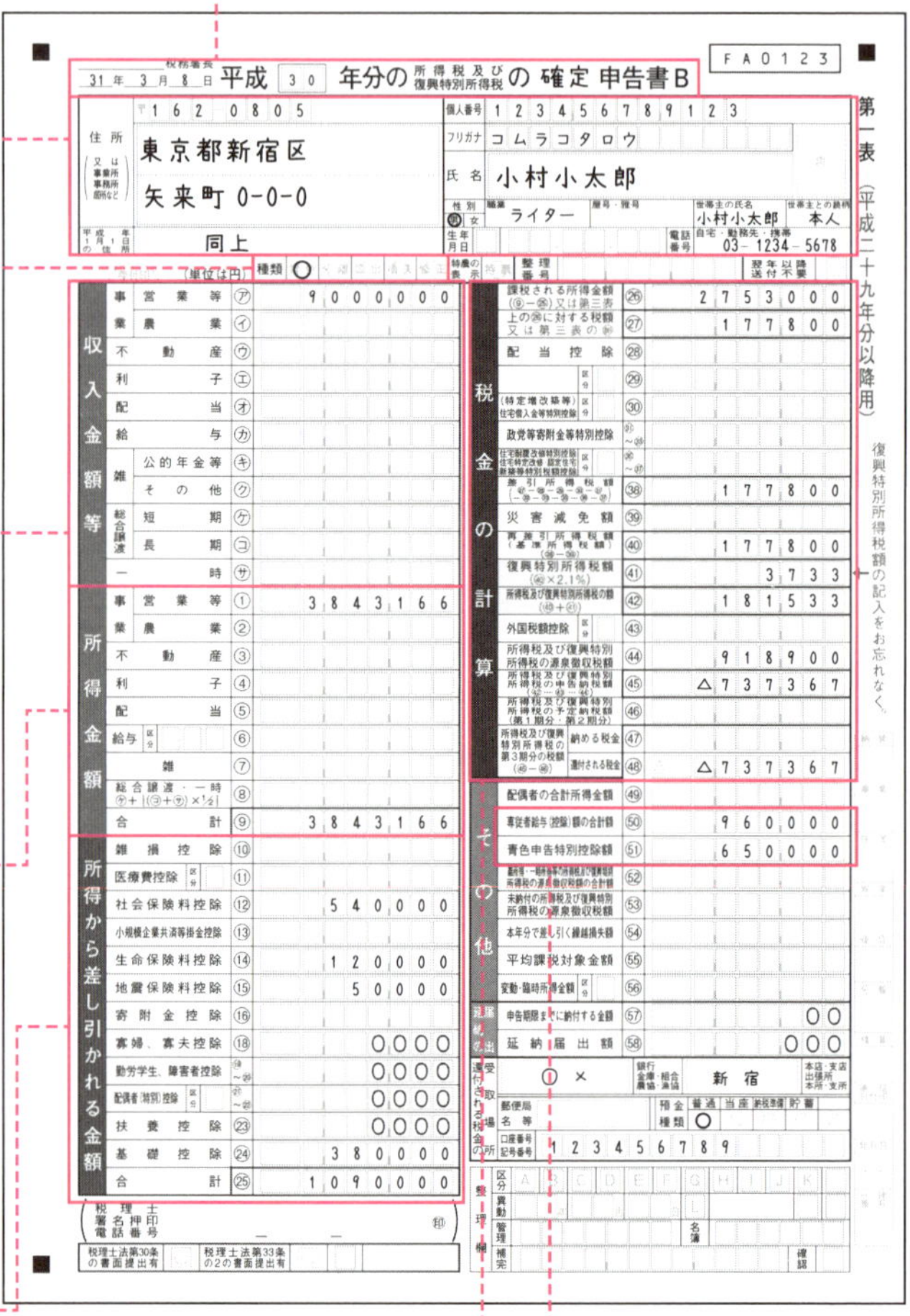

❻
所得控除額を記入する。「医療費控除⑪」「社会保険料控除⑫」「小規模企業共済等掛金控除⑬」などを記入。「基礎控除㉔」の38万円の記入も忘れないようにする。⑩から㉔までの合計額を㉕に記入する。

❼
⑨から㉕を引いた金額を㉖に記入（「課税される所得金額」）。㉘から㊲に税額控除を記入。

❽
「その他」の「専従者給与（控除）額の合計額㊿」に給与額を記入。青色申告者は、「青色申告特別額(51)」に65万円か10万円を記入する。

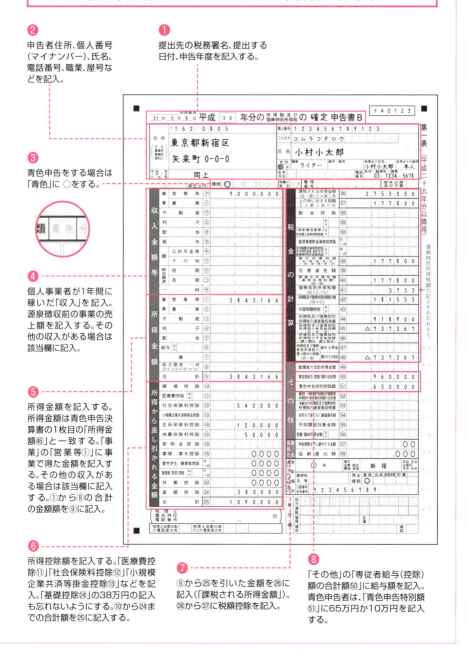

「確定申告書B 第二表」記入例
個人事業者、フリーランサーの申告書の書き方

❶
住所、氏名などを記入。

❷
収入金額と源泉徴収額を記入する。支払者の氏名・名称欄は請求書や支払調書を見て記入。

❸
雑所得(公的年金以外)、総合課税の配当所得・譲渡所得、一時所得がある場合に記入。

❹
所得から引かれる所得控除(「社会保険料控除」「小規模企業共済等掛金控除」「生命保険料控除」「扶養控除」など)を記入。第一表⑩から㉓と一致する。

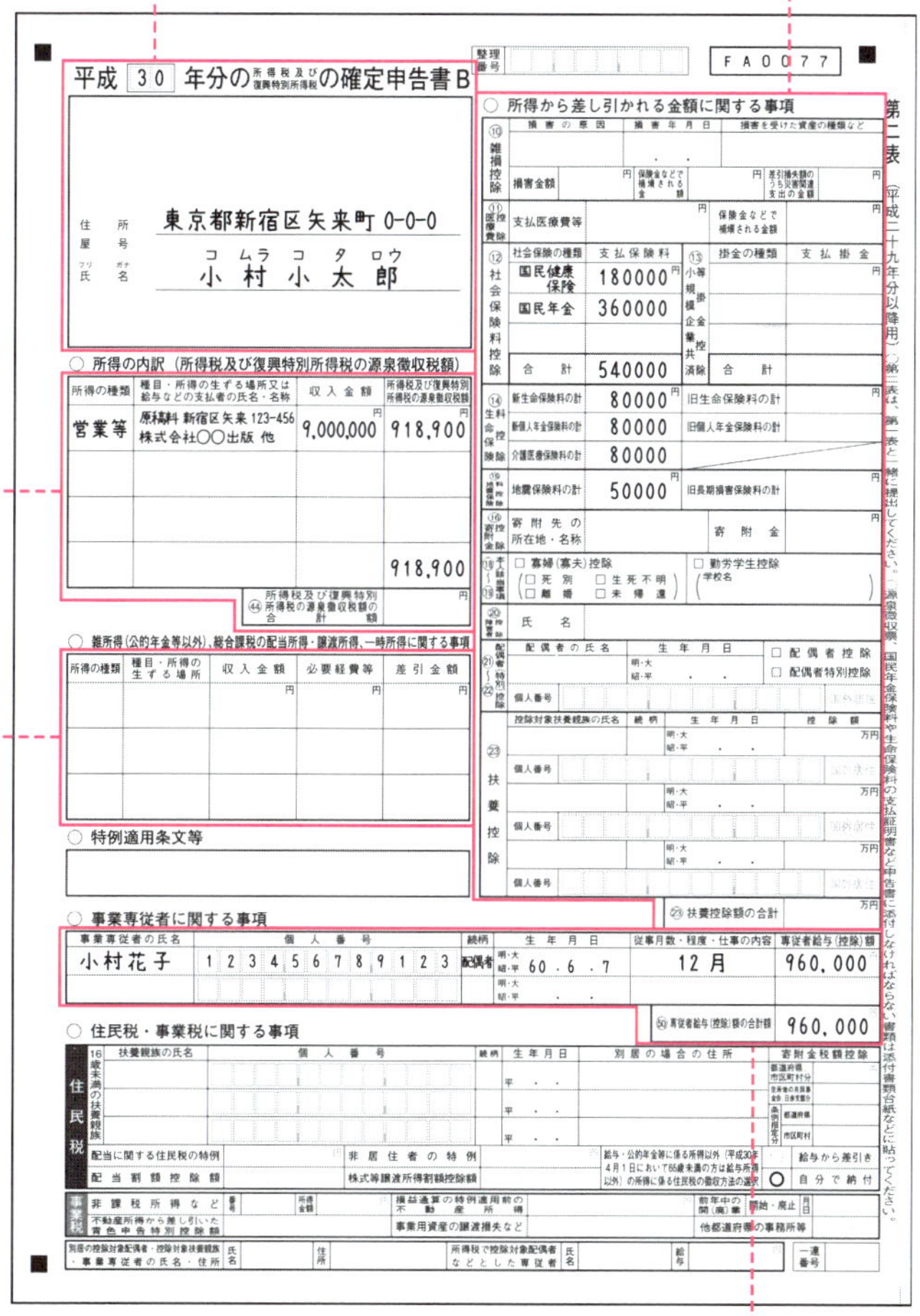

平成 30 年分の所得税及び復興特別所得税の確定申告書B　FA0077

住所　東京都新宿区矢来町 0-0-0
フリガナ　コムラ コ タ ロウ
氏名　小村 小太郎

○ 所得の内訳（所得税及び復興特別所得税の源泉徴収税額）

所得の種類	種目・所得の生ずる場所又は給与などの支払者の氏名・名称	収入金額	所得税及び復興特別所得税の源泉徴収税額
営業等	原稿料 新宿区矢来 123-456 株式会社〇〇出版 他	9,000,000	918,900
		㊹ 所得税及び復興特別所得税の源泉徴収税額の合計額	918,900

○ 雑所得（公的年金等以外）、総合課税の配当所得・譲渡所得、一時所得に関する事項

所得の種類	種目・所得の生ずる場所	収入金額	必要経費等	差引金額

○ 特例適用条文等

○ 所得から差し引かれる金額に関する事項

⑫社会保険料控除	社会保険の種類	支払保険料
	国民健康保険	180000
	国民年金	360000
	合計	540000

⑭生命保険料控除		
	新生命保険料の計	80000
	新個人年金保険料の計	80000
	介護医療保険料の計	80000
⑮地震保険料控除	地震保険料の計	50000

○ 事業専従者に関する事項

事業専従者の氏名	個人番号	続柄	生年月日	従事月数・程度・仕事の内容	専従者給与（控除）額
小村花子	123456789123	配偶者	昭・平 60.6.7	12月	960,000
				㊿ 専従者給与（控除）額の合計額	960,000

○ 住民税・事業税に関する事項

第二表（平成二十九年分以降用）　第二表は、第一表と一緒に提出してください。源泉徴収票、国民年金保険料や生命保険料の支払証明書など申告書に添付しなければならない書類は添付書類台紙などに貼ってください。

❺
専従者の氏名、個人番号(マイナンバー)、続柄、生年月日、青色申告の場合は専従者給与額、白色申告の場合は専従者控除額を記入する。

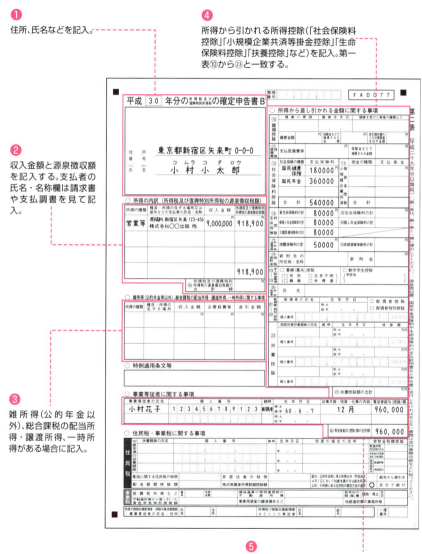

「青色申告決算書」の記入例　（１枚目）

❸
「自1月1日 至12月31日」と記入。事業の開業年では、届出の「事業開始日」から「12月31日」と記入。

❹
納税者番号を記入（税務署から郵送されてきた用紙では記載済み）。

❼
㉞に前年に計上した貸倒引当金をそのまま記入。専従者給与がある場合は㊳に記入。㊴に「青色申告決算書」で計算した貸倒引当金繰入額を記入。

❽
複式簿記をしている青色申告者は㊹に「65万円」と記入（青色申告特別控除）。

❾
1年間の事業所得金額を㊺に記入。

FA0203

得税青色申告決算書（一般用）

来町 0-0-0	フリガナ 氏名	コムラコタロウ 小村小太郎 ㊞	依頼税理士等	事務所所在地	
	電話番号	（自宅）03-1234-5678 （事業所）03-1234-5678		氏名（名称）	
	加入団体名			電話番号	

自 1 月 1 日 至 12 月 31 日）

金額（円）
250000
503134
250200
50000
800000
180000
70000
90000
3563334
5436666

科目				金額（円）
各種引当金・準備金等	繰戻額等	貸倒引当金	㉞	55000
			㉟	
			㊱	
		計	㊲	55000
	繰入額等	専従者給与	㊳	960000
		貸倒引当金	㊴	38500
			㊵	
			㊶	
		計	㊷	998500
青色申告特別控除前の所得金額（㉝＋㊲－㊷）			㊸	4493166
青色申告特別控除額			㊹	650000
所得金額（㊸－㊹）			㊺	3843166

●青色申告特別控除については、「決算の手引き」の「青色申告特別控除」の項を読んでください。

●下の欄には、書かないでください。

	㉑		㉕	
	㉒		㉖	
	㉓		㉗	
Ⓐ	㉔		㉙	

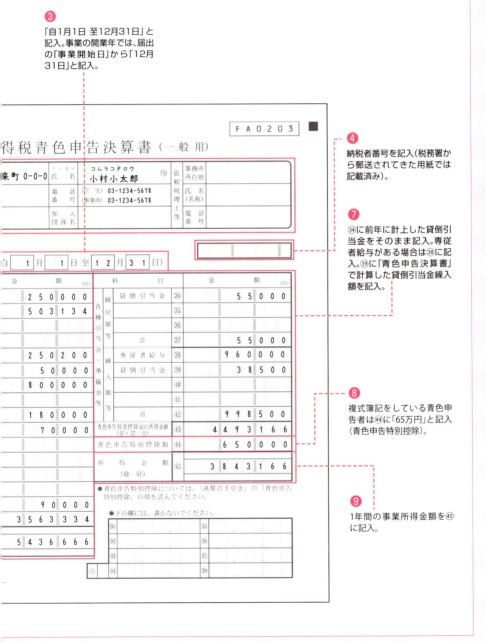

❶
年度、事業主の氏名、住所、電話番号、業種名などを書く。押印は認印でよい。

❷
申告する日付を記入。

❺
①に1年間の事業総売上金額を記入。②～⑥に売上原価を記入。⑦に売上金額から売上原価の差引金額を記入。

❻
⑧～㉔に勘定科目ごとに経費を記入。追加の勘定科目がある場合は㉕～㉚に記入。㉜に合計額を記入。

平成 30 年分

住所	東京都新宿区
事業所所在地	同上
業種名	ライター

平成 31 年 3 月 8 日

提出用

（平成二十五年分以降用）

損益計算書

科目			金額（円）
売上（収入）金額（雑収入を含む）		①	9000000
売上原価	期首商品（製品）棚卸高	②	
	仕入金額（製品製造原価）	③	
	小計（②＋③）	④	
	期末商品（製品）棚卸高	⑤	
	差引原価（④－⑤）	⑥	0
差引金額（①－⑥）		⑦	9000000
経費	租税公課	⑧	50000
	荷造運賃	⑨	20000
	水道光熱費	⑩	150000
	旅費交通費	⑪	550000
	通信費	⑫	200000
	広告宣伝費	⑬	30000
	接待交際費	⑭	300000
	損害保険料	⑮	20000
	修繕費	⑯	50000

科目		
経費	消耗品費	⑰
	減価償却費	⑱
	福利厚生費	⑲
	給料賃金	⑳
	外注工賃	㉑
	利子割引料	㉒
	地代家賃	㉓
	貸倒金	㉔
	車両費	㉕
	会議費	㉖
		㉗
		㉘
		㉙
		㉚
	雑費	㉛
	計	㉜
差引金額（⑦－㉜）		㉝

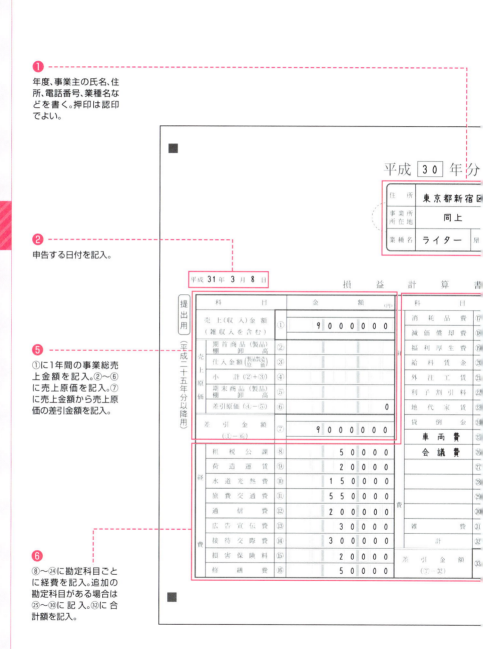

「青色申告決算書」の記入例　（2枚目）

FA0208

訳

名	年齢	従事月数	支給額 給料賃金	賞与	合計	所得税及び復興特別所得税の源泉徴収税額
	歳	月	円	円	円	円
分)						
延べ従事月数						

内訳

	続柄	年齢	従事月数	支給額 給料	賞与	合計	所得税及び復興特別所得税の源泉徴収税額
	配偶者	32歳	月	960,000円	円	960,000円	0円
	延べ従事月数	1 2		960,000		960,000	0

控除額の計算（この計算に当たっては、「決算の手引き」の「青色申告特別控除」の項を読んでください。）

		金額
産所得の金額（青色申告特別控除額を差し引く前の金額）	⑥	（赤字のときは0）円
除前の所得金額（1ページの「損益計算書」の㊸欄の金額を書いてください。）	⑦	（赤字のときは0）4,493,166
万円と⑥のいずれか少ない方の金額（不動産所得から差し引かれる青色申告特別控除額です。）	⑧	0
色申告特別控除額（「65万円－⑧」と⑦のいずれか少ない方の金額）	⑨	650,000
万円と⑥のいずれか少ない方の金額（不動産所得から差し引かれる青色申告特別控除額です。）	⑧	
色申告特別控除額（「10万円－⑧」と⑦のいずれか少ない方の金額）	⑨	

細を記載し、この決算書に添付してください。

❷

従業員の給料賃金の内訳を記入。1枚目の「給料賃金⑳」と同じ。

❸

専従者給与の内訳を記入。1枚目の「専従者給与㊳」と同じ。

❺

青色申告特別控除額を記入。複式簿記の場合は65万円の控除を上の⑨に記入。10万円控除の場合は下の⑨に記入。「青色申告特別控除前の所得金額⑦」は1枚目の㊸と同じ。

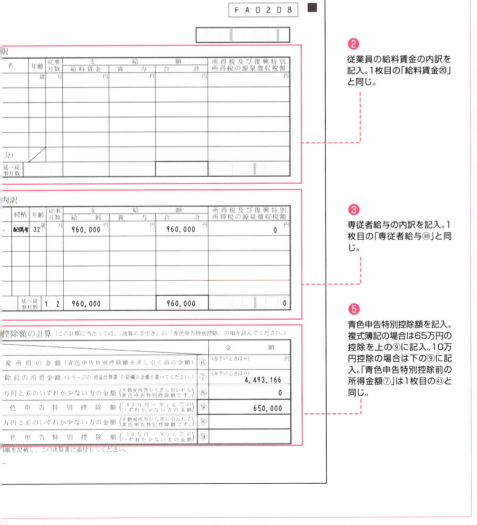

❶
月別の売上金額と仕入金額を記入。売上金額の合計は1枚目の「売上(収入)金額①」と同じ。

❹
当年1年間に計上する貸倒引当金の内容を記入。

■ 平成 30 年分

氏名《フリガナ》 小村小太郎《コムラ コ タロウ》

提出用

(平成二十五年分以降用)

○月別売上(収入)金額及び仕入金額

月	売上(収入)金額	仕入金額
1	600,000円	円
2	700,000	
3	800,000	
4	900,000	
5	800,000	
6	900,000	
7	400,000	
8	700,000	
9	600,000	
10	900,000	
11	1,000,000	
12	700,000	
家事消費等		
雑収入		
計	9000000	

○給料賃金

氏
その他(
計

○専従者給

氏
小村花
計

○貸倒引当金繰入額の計算(この計算に当たっては、「決算の手引き」の「貸倒引当金」の項を読んでください。)

			金額
個別評価による本年分繰入額(「個別評価による貸倒引当金に関する明細書」の⑤欄の金額を書いてください)		①	円
一括評価による本年分繰入額	年末における一括評価による貸倒引当金の繰入れの対象となる貸金の合計額	②	700,000
	本年分繰入限度額(②×5.5%(金融業は3.3%))	③	38,500
	本年分繰入額	④	38,500
本年分の貸倒引当金繰入額(①+④)		⑤	38,500

○青色申告

本年分の
青色申告特
65万円の青申告特別控を受ける場
上記以
の場

(注) 貸倒引当金、専従者給与や3ページの割増(特別)償却以外の特典を利用する人は、適宜の用紙に

■

「青色申告決算書」の記入例 （3枚目）

❷
少額減価償却資産(10万円以上30万円未満)はここに記入する。

年分の通償却費 (ロ)×(ハ)×(ニ)	(ヘ) 割増（特別）償却費	(ト) 本年分の償却費合計 (ホ＋ヘ)	(チ) 事業専用割合	(リ) 本年分の必要経費算入額 (ト×チ)	(ヌ) 未償却残高 (期末残高)	摘要
円 75,000	円	円 75,000	% 100	円 75,000	円 225,000	
222,667		222,667	80	178,134	1,777,333	
			100	250,000		措法28の2
297,667		297,667	／	503,134	2,002,333	

償却保証額を記入します。

❹
税理士、弁護士に支払った報酬がある場合、料金金額の合計額を記入。

○税理士・弁護士等の報酬・料金の内訳

支払先の住所・氏名	本年中の報酬等の金額	左のうち必要経費算入額	所得税及び復興特別所得税の源泉徴収税額
	円	円	円

◎本年中における特殊事情

仕事の必要から、車を購入。
経費割合は長距離が多いため80%とした。

❻
特別な支出があった場合、「今年は開業年なので、事業に必要な備品や設備を購入した」など、税務署への伝達事項を明記。

❶
30万円以上の減価償却資産を記入。一括償却資産も記入。償却の基礎になる金額は、定額法の場合は取得価額と同額。耐用年数を記入。仕事とプライベートを兼用する場合は、仕事の割合を「㋠事業専用割合」に記入する。

❸
知人、会社からの借入がある場合は、利子割引料の内訳を記入。

❺
事務所などの賃貸料の支払い合計額を記入。自宅兼事務所の場合は経費算入額を按分して記入。

（平成二十五年分以降用）

○減価償却費の計算

減価償却資産の名称等（繰延資産を含む）	面積又は数量	取得年月	㋑ 取得価額（償却保証額）	㋺ 償却の基礎になる金額	償却方法	耐用年数	㋩ 償却率又は改定償却率	㊁ 本年の償 期
パソコン	1台	H30・1	（300,000）円	300,000 円	定額法	4 年	0.250	12/12
車	1台	H30・5	（2,000,000）	2,000,000	定額法	6	0.167	8/12
応接セット他		H30・6	（計 250,000）	明細は別添				/12
		・	（ ）					/12
								/12
								/12
								/12
								/12
		・	（ ）					/12
		・	（ ）					/12
		・	（ ）					/12
計								

明細
応接セット　30年6月取得　130,000
複合機　30年6月取得　120,000

少額減価償却資産の取得合計　250,000

別途明細を添付

（注）平成19年4月1日以後に取得した減価償却資産について定率法を採用する場合にのみ㋑欄のカッ

○利子割引料の内訳（金融機関を除く）

支払先の住所・氏名	期末現在の借入金等の金額	本年中の利子割引料	左のうち必要経費算入額
矢来太郎	5,000,000 円	50,000 円	50,000

○地代家賃の内訳

支払先の住所・氏名	賃借物件	本年中の賃借料・権利金等	左の賃借料のうち必要経費算入額
矢来不動産	事務所	権更 円 賃 2,400,000	800,000
		権更 賃	

「青色申告決算書」の記入例　（４枚目）

調）

（平成30年12月31日現在）

・資本の部	
1月1日（期首）	12月31日（期末）
円	円
3,600,000	5,000,000
	2,425,667
55,000	38,500
	400,000
655,000	655,000
	4,493,166
4,310,000	13,012,333

製造原価の計算

（原価計算を行っていない人は、記入する必要はありません。）

科目			金額
原材料費	期首原材料棚卸高	①	円
	原材料仕入高	②	
	小計（①+②）	③	
	期末原材料棚卸高	④	
	差引原材料費（③−④）	⑤	
労務費		⑥	
その他の製造経費	外注工賃	⑦	
	電力費	⑧	
	水道光熱費	⑨	
	修繕費	⑩	
	減価償却費	⑪	
		⑫	
		⑬	
		⑭	
		⑮	
		⑯	
		⑰	
		⑱	
		⑲	
	雑費	⑳	
	計	㉑	
総製造費（⑤+⑥+㉑）		㉒	
期首半製品・仕掛品棚卸高		㉓	
小計（㉒+㉓）		㉔	
期末半製品・仕掛品棚卸高		㉕	
製品製造原価（㉔−㉕）		㉖	

（注）㉖欄の金額は、1ページの「損益計算書」の③欄に移記してください。

−4−

❷
事業で使われたお金の流れを記入（買掛金、借入金など）。「青色申告特別控除前の所得金額」の期末合計は1枚目の㊸と一致。

❸
モノをつくって販売する事業を営む場合に記入。「製品製造原価㉖」の金額は、1枚目の「仕入金額（製品製造原価）③」と一致。

❶
「科目」の期首は「1月1日」(または事業開始日)、期末は「12月31日」(または廃業日)と記入。現金、預貯金、売掛金などを記入。

貸　借　対　照　表　(資産負

(平成二十五年分以降用)

●65万円の青色申告特別控除を受ける人は必ず記入してください。それ以外の人でも分かる箇所はできるだけ記入してください。

資産の部			負
科目	1月1日(期首)	12月31日(期末)	科目
現金	10,000円	10,000円	支払手形
当座預金			買掛金
定期預金			借入金
その他の預金	3,300,000	4,300,000	未払金
受取手形			前受金
売掛金	1,000,000	700,000	預り金
有価証券			
棚卸資産			
前払金			
貸付金			
建物			
建物附属設備			
機械装置			
車両運搬具		1,777,333	貸倒引当金
工具器具備品		225,000	
土地			
			事業主借
			元入金
事業主貸		6,000,000	青色申告特別控除前の所得金額
合計	4,310,000	13,012,333	合計

(注)「元入金」は、「期首の資産の総額」から「期首の負債の総額」を差し引いて計算します。

白色申告の「収支内訳書」記入例　（1枚目）

FA0303

書（一般用）

（あなたの本年分の事業所得の金額の計算内容をこの表に記載して確定申告書に添付してください。）

フリガナ 氏名	コムラコタロウ 小村小太郎　㊞	依頼税理士等	事務所所在地	
電話番号	（自宅）03-1234-5678 （事業所）03-1234-5678		氏名（名称）	
加入団体名			電話番号	

○給料賃金の内訳

氏名（年齢）	従事月数	給料賃金 賞与	合計	所得税及び復興特別所得税の源泉徴収税額
（　歳）	月	円	円	円
（　歳）				
（　歳）				
その他（　人分）				
計　延べ従事月数			⑪	

○税理士・弁護士等の報酬・料金の内訳

支払先の住所・氏名	本年中の報酬等の金額	左のうち必要経費算入額	所得税及び復興特別所得税の源泉徴収税額
	円	円	円

○事業専従者の氏名等

氏名（年齢）	続柄	従事月数
小村花子（32歳）	配偶者	12月
（　歳）		
（　歳）		
	延べ従事月数	

【税務署整理欄】

⑨①	
⑨②	
⑨③	
⑨④	
⑨⑤	
⑨⑨	

❶ 年度、事業主の氏名、住所、電話番号、業種名などを書く。押印は認印でよい。

❹ 納税者番号を記入（納税署から郵送されてきた用紙では記載済み）。

❽ 税理士、弁護士に支払った報酬がある場合、料金金額の合計額を記入。

❾ 事業専従者を記入。

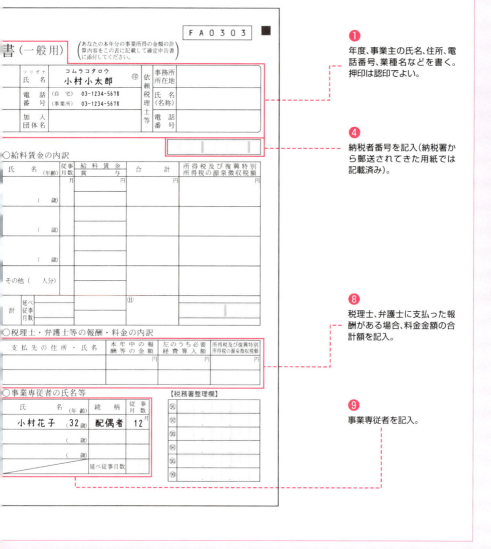

❸
「自1月1日 至12月31日」と記入。事業の開業年は、届出の「事業開始日」から「12月31日」と記入。

❷
申告する日付を記入。

❺
①に1年間の事業総売上金額を記入。「収入金額の計④」は、申告書Bの第一表の「事業収入㋐」と一致。

❻
経費を項目ごとに記入して合計する。

❼
「所得金額㉑」は白色申告書Bの第一表の「事業所得①」と一致。

提出用

(平成二十五年分以降用)

平成 30 年分収支内

住所	東京都新宿区矢来町0-0-
事業所所在地	同上
業種名	ライター　屋号

この収支内訳書は機械で読み取りますので、黒のボールペンで書いてください。

平成 31 年 3 月 8 日

(自 1 月 1 日 至 1 2 月 3 1 日

科目			金額(円)
収入金額	売上(収入)金額	①	9000000
	家事消費	②	
	その他の収入	③	
	計(①+②+③)	④	9000000
売上原価	期首商品(製品)棚卸高	⑤	
	仕入金額(製品製造原価)	⑥	
	小計(⑤+⑥)	⑦	
	期末商品(製品)棚卸高	⑧	
	差引原価(⑦−⑧)	⑨	0
差引金額(④−⑨)		⑩	9000000
経費	給料賃金	⑪	
	外注工賃	⑫	250200
	減価償却費	⑬	287901
	貸倒金	⑭	
	地代家賃	⑮	800000
	利子割引料	⑯	50000
	その他の経費　租税公課	㋑	50000
	その他の経費　荷造運賃	㋺	20000
	その他の経費　水道光熱費	㋩	150000

科目			金額(円)
経費 その他の経費	旅費交通費	㋥	550000
	通信費	㋭	200000
	広告宣伝費	㋬	30000
	接待交際費	㋣	300000
	損害保険料	㋠	20000
	修繕費	㋷	50000
	消耗品費	㋦	250000
	福利厚生費	㋸	
	車両費	㋾	180000
	会議費	㋻	70000
		㋕	
		㋵	
		㋟	
	雑費	㋹	90000
	小計(㋑〜㋹までの計)	⑰	1960000
経費計(⑪〜⑯までの計+⑰)		⑱	3348101
専従者控除前の所得金額(⑩−⑱)		⑲	5651899
専従者控除		⑳	860000
所得金額(⑲−⑳)		㉑	4791899

−1−

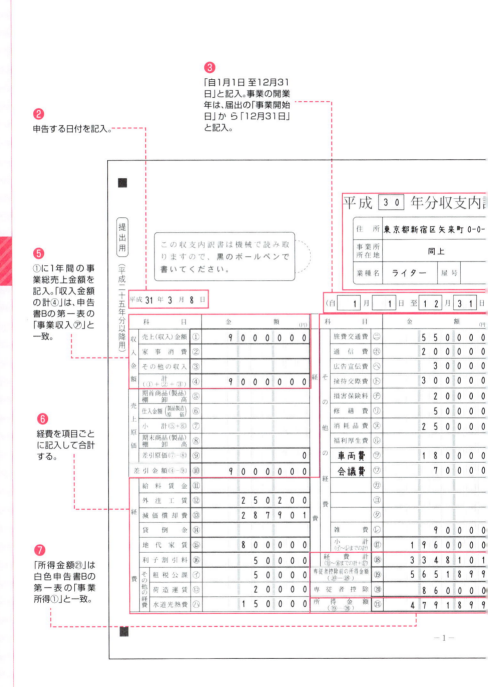

白色申告の「収支内訳書」記入例　（2枚目）

○仕入金額の明細

仕入先名	所在地	仕入金額
		円
上記以外の仕入先の計		
	計	⑥

㋭本年分の普通償却費(㋺×㋩×㋥)	㋬特別償却費	㋣本年分の償却費合計(㋭＋㋬)	㋠事業専用割合	㋷本年分の必要経費算入額(㋣×㋠)	㋦未償却残高(期末残高)	摘要
75,000 円	円	75,000 円	100 %	75,000 円	225,000 円	
222,667		222,617	80	178,133	1,777,333	
12,500		12,500	80	12,500	237,500	
310,167		310,167		⑬ 287,901	2,239,833	

証額を記入します。

◎本年中における特殊事情

仕事の必要から、車を購入。
経費割合は長距離が多いため80%とした。

2 −

❷

減価償却資産を記入。本年分に計上できる金額を計算する。

20万円以上の減価償却資産を記入。一括償却資産も記入。償却の基礎になる金額は、定額法の場合は取得価額と同額。耐用年数を記入。仕事とプライベートで兼用する場合は、仕事の割合を「㋠事業専用割合」に記入する。「㋷本年分の必要経費算入額⑬」の合計額は収支内訳書1枚目の「減価償却費⑬」と一致。

❹

特別な支出があった場合、「今年は開業年なので、事業に必要な備品や設備を購入した」など、税務署への伝達事項を明記。

❶
売上明細を記入し、合計金額を算出する。「売上（収入）金額の明細」に支払元を記入。「売上（収入）金額の計」は収入内訳書1枚目の①と一致。

❸
事務所などの賃貸料の支払い合計額を記入。自宅兼事務所の場合は経費算入額を按分して記入。

（平成二十五年分以降用）

○売上（収入）金額の明細

売上先名	所在地	売上（収入）金額
株式会社◎◎出版	東京都新宿区○-○-○	9,000,000
上記以外の売上先の計		
	計	① 9,000,000

○減価償却費の計算

減価償却資産の名称等（繰延資産を含む）	面積又は数量	取得年月	㋑ 取得価額（償却保証額）	㋺ 償却の基礎になる金額	償却方法	耐用年数	㋩ 償却率又は改定償却率	㋥ 本年中の償却期間
パソコン	1台	年 月 30・1	円 （300,000）	円 300,000	定額法	年 4	0.250	12/12
車	1台	30・5	（2,000,000）	2,000,000	定額法	6	0.167	8/12
応接セット		30・10	（250,000）	250,000	定額法	5	0.200	3/12
		・	（　）					/12
		・	（　）					/12
		・	（　）					/12
計								

（注）平成19年4月1日以後に取得した減価償却資産について定率法を採用する場合にのみ㋑欄のカッコ内に償

○地代家賃の内訳

支払先の住所・氏名	賃借物件	本年中の賃借料・権利金等	左の賃借料のうち必要経費算入額
矢来不動産	事務所	権更 円 賃 2,400,000	800,000
		権更 賃	

○利子割引料の内訳（金融機関を除く）

支払先の住所・氏名	期末現在の借入金等の金額	本年中の利子割引料	左のうち必要経費算入額
矢来太郎	5,000,000円	50,000円	50,000

サラリーマンの確定申告はとても簡単！

サラリーマンが申告する2つの方法を紹介します。

会社か税務署が、代わりに対応してくれる

1つ目の方法は、「会社が手続きをしてくれる」パターンです。たとえば「扶養控除」は、会社に「扶養控除等申請書」を出せば手続きが完了します。申請書は会社から配布され、記入すればいいだけですので特別な手続きは一切ありません。同様に、「生命保険料控除」や「社会保険料控除」「配偶者控除」なども、会社に書類を出すだけで手続きは済みます（図78）。経理担当者に申請書が欲しいと伝えれば対応してくれます。

①サラリーマンの確定申告は、会社がやってくれる！

2つ目の方法は、「自分で確定申告をする」パターンです。「住宅ローン控除」の1回目や、「医療費控除」「雑損控除」などは会社で手続きできないため、自分で税務署に確定申告をしなければいけません。でも難しいことは何もありません。確定申告の大半は税務署がつくってくれます。サラリーマンは税務署と税法の解釈でもめるケースは少ないので、任せて大丈夫です。ただ、「医療費控除」だけは自分で申告するのがおすすめです。医療費控除は税法的にグレーゾーンが多く、難癖をつけられる可能性があります。ですが自分で申告書をつくり申請すれば、拒否されることはほぼありません。

②サラリーマンの確定申告は、税務署がやってくれる！

サラリーマンの確定申告書のつくり方

サラリーマンの確定申告では、「申告書A」の用紙を使用します。**サラリーマンが自分自身で申告することは、そう難しいことではありません。**基本的に130ページにある申告書Aの太枠の中だけを記入すれば済みます。源泉徴収票に記載された数字を確定申告書に移記して、あとは自分が受ける所得控除を該当箇所に記載すればいいだけです。たとえば医療費控除を受ける場合は医療費控除額を申告書の⑱の欄に記入し、⑳の欄には⑯の金額に医療費控除を足した金額を記入します。その後は、各欄に記された計算をすれば申告書はできあがります。

確定申告に必要なもの

図77 確定申告時に必要な書類

青色申告をする個人事業者

- □ 確定申告書B 第一表
  ➡記載の仕方は、112ページ参照
- □ 確定申告書B 第二表
  ➡記載の仕方は、113ページ参照
- □ 損益計算書（青色決算申告書 一般用(*1) 1～3ページ）
  ➡記載の仕方は、114ページ参照
- □ 貸借対照表（青色決算申告書 一般用 4ページ）
  ➡記載の仕方は、120ページ参照
- □ 本人確認書類（マイナンバー）
- □ 控除証明書(*2)
- □ 添付台紙

白色申告をする個人事業者

- □ 確定申告書B 第一表
  ➡記載の仕方は、112ページ参照
- □ 確定申告書B 第二表
  ➡記載の仕方は、113ページ参照
- □ 収支内訳書
  ➡記載の仕方は、122ページ参照
- □ 本人確認書類（マイナンバー）
- □ 控除証明書(*2)
- □ 添付証明書

（*1）「一般用」の他に、「現金主義用」「農業所得用」「不動産所得用」があります
（*2）各種控除を受ける場合、生命保険料控除証明書や医療費の領収書などが必要となります。ただし控除内容によって必要書類が異なります。詳細は国税庁サイトをご覧いただくか、税務署に確認してください。

サラリーマン

- □ 確定申告書A 第一表
  ➡記載の仕方は、130ページ参照
- □ 確定申告書A 第二表
  ➡記載の仕方は、131ページ参照
- □ 給与所得や公的年金等の源泉徴収票（原本）
- □ 本人確認書類（マイナンバー）
- □ 印鑑
- □ 控除証明書(*1)
- □ 添付証明書

（*1）各種控除を受ける場合、生命保険料控除証明書や医療費の領収書などが必要となります。ただし控除内容によって必要書類が異なります。詳細は国税庁サイトをご覧いただくか、税務署に確認してください。

図78 サラリーマンの節税手続き

確定申告をしなくてはならないもの	会社に書類を出すだけでいいもの（主なもの）	
●住宅ローン控除（最初だけ）	●家族分の社会保険料控除	●扶養控除
●医療費控除	●配偶者控除	●生命保険料控除
●雑損控除	●個人年金保険料控除	●介護医療保険控除
	●地震保険控除	●寡婦、寡夫控除

＊ただし、会社に書類を出すだけでいいものであっても、過去の分など、場合によっては確定申告が必要なこともあります。自分の節税策が、確定申告をしなければいけないものかどうかは、会社か税務署に相談してみてください。

自分はどの申告書を使うのかを確認しましょう！

基本となる書類は「申告書A」もしくは「申告書B」

確定申告を行う際の基本的な書類は、「申告書A」もしくは「申告書B」です。

ほかにも、申告書第三表、第四表、第五表などもありますが、それらの申告書は特定の所得があった場合や、所得が赤字の場合などレアケースに必要となる申告書のため、今回は説明を省きます。

「申告書A」は、「給与所得」「雑所得」「配当所得」「一時所得」の申告のみの簡易的なもので、予定納税額がない場合に使われる書類です。そのため、**サラリーマン、年金受給者などが使うのが「申告書A」です。それ以外の個人事業者や不動産収入がある人などが使うのは、「申告書B」です。**

医療費控除、住宅ローン控除などを受けたい場合や、マイホームや株を売却して利益を得た人などの場合は、サラリーマンの場合でも、「申告書B」での申告が必要です。

ケースによって、さまざまな書類が必要

確定申告を行うときには、上記の申告書のほかに、**「本人確認書類（マイナンバーも）」**や、個人事業者で青色申告をする人は**「青色申告決算書」**、白色申告をする人は**「収支内訳書（一般用）」**が必要です。サラリーマンは**「源泉徴収票」**が必須です。

ほかにも、**所得控除を申請する場合は別途書類**が必要となります。たとえば医療控除を受ける場合は医療費に関する明細書が必要ですし、住宅ローン控除を受ける場合は、登記事項証明書や住宅ローンに関する年末残高等証明書などの書類が必要となります。

必要書類は控除ごとに異なりますので、税務署に連絡をして必要書類の確認をしておきましょう。確定申告書以外の書類は、基本的に**「添付書類台紙」**に添付して、申告書とともに提出しなければなりません。

確定申告書は税務署に用意されているほか、国税庁のホームページからもダウンロードできます。

使用する申告書と必要書類を確認

図79 申告書Aと申告書B、どちらを使えばよい？

申告書Aを使う人

- □ サラリーマン
- □ 年金受給者 など

申告書Bを使う人

- □ 個人事業者
- □ フリーランス
- □ 不動産による所得がある人 など

※すべての方が利用できるのでサラリーマンの方が確定申告書Bを使用することも、もちろん可能です

図80 パターン別 確定申告で必要となる提出書類例

医療費が10万円を超えて医療費控除を受ける人

必要書類 ▶ 申告書A（またはB） ＋ 医療費の明細書

住宅ローン控除を受ける人

必要書類 ▶ 申告書A（またはB） ＋ 住宅借入金等特別控除額の計算明細書

寄付をして寄附金控除を受ける人

必要書類 ▶ 申告書A（またはB） ＋ 特定寄付金の受領書 ＋ 税額控除対象法人であることを証明する書類の写し

「申告書A（第一表）」の記入例
サラリーマンの還付用の申告書の書き方

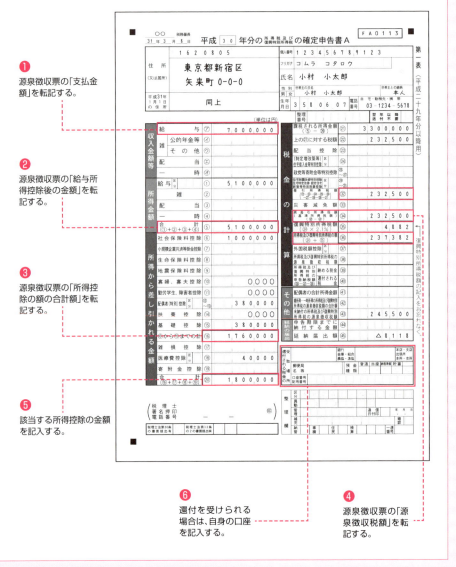

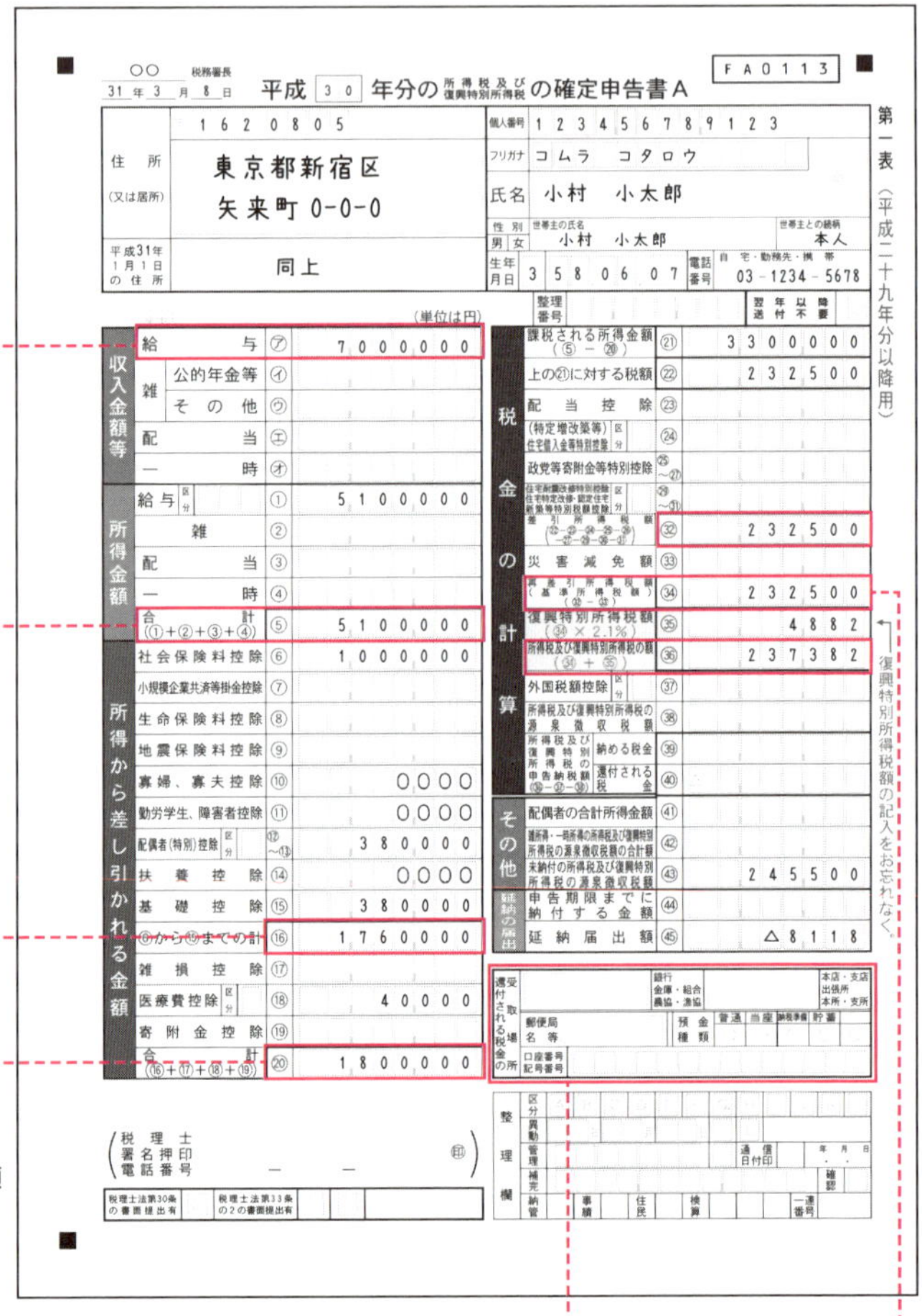

○○ 税務署長
31 年 3 月 8 日　平成 3 0 年分の 所得税及び復興特別所得税 の確定申告書A　FA0113

第一表（平成二十九年分以降用）

住所（又は居所）	162 0805 東京都新宿区 矢来町 0-0-0	個人番号	1 2 3 4 5 6 7 8 9 1 2 3
		フリガナ	コムラ コタロウ
		氏名	小村 小太郎
		性別 男 女	世帯主の氏名 小村 小太郎／世帯主との続柄 本人
平成31年1月1日の住所	同上	生年月日 3 58 06 07	電話番号 自宅・勤務先・携帯 03－1234－5678

（単位は円）

区分	項目	番号	金額
収入金額等	給与	㋐	7 0 0 0 0 0 0
	雑 公的年金等	㋑	
	雑 その他	㋒	
	配当	㋓	
	一時	㋔	
所得金額	給与	①	5 1 0 0 0 0 0
	雑	②	
	配当	③	
	一時	④	
	合計（①＋②＋③＋④）	⑤	5 1 0 0 0 0 0
所得から差し引かれる金額	社会保険料控除	⑥	1 0 0 0 0 0 0
	小規模企業共済等掛金控除	⑦	
	生命保険料控除	⑧	
	地震保険料控除	⑨	
	寡婦、寡夫控除	⑩	0 0 0 0
	勤労学生、障害者控除	⑪	0 0 0 0
	配偶者（特別）控除	⑫～⑬	3 8 0 0 0 0
	扶養控除	⑭	0 0 0 0
	基礎控除	⑮	3 8 0 0 0 0
	⑥から⑮までの計	⑯	1 7 6 0 0 0 0
	雑損控除	⑰	
	医療費控除	⑱	4 0 0 0 0
	寄附金控除	⑲	
	合計（⑯＋⑰＋⑱＋⑲）	⑳	1 8 0 0 0 0 0

区分	項目	番号	金額
税金の計算	課税される所得金額（⑤－⑳）	㉑	3 3 0 0 0 0 0
	上の㉑に対する税額	㉒	2 3 2 5 0 0
	配当控除	㉓	
	（特定増改築等）住宅借入金等特別控除	㉔	
	政党等寄附金等特別控除	㉕～㉗	
	住宅耐震改修特別控除 住宅特定改修・認定住宅新築等特別税額控除	㉘～㉛	
	差引所得税額	㉜	2 3 2 5 0 0
	災害減免額	㉝	
	再差引所得税額（基準所得税額）（㉜－㉝）	㉞	2 3 2 5 0 0
	復興特別所得税額（㉞×2.1%）	㉟	4 8 8 2
	所得税及び復興特別所得税の額（㉞＋㉟）	㊱	2 3 7 3 8 2
	外国税額控除	㊲	
	所得税及び復興特別所得税の源泉徴収税額	㊳	
	所得税及び復興特別所得税の申告納税額 納める税金	㊴	
	還付される税金	㊵	
その他	配偶者の合計所得金額	㊶	
	雑所得・一時所得等の所得税及び復興特別所得税の源泉徴収税額の合計額	㊷	
	未納付の所得税及び復興特別所得税の源泉徴収税額	㊸	2 4 5 5 0 0
延納の届出	申告期限までに納付する金額	㊹	
	延納届出額	㊺	△8 1 1 8

還付される税金の受取場所：銀行・金庫・組合・農協・漁協／本店・支店・出張所・本所・支所／郵便局名等／預金種類 普通・当座・納税準備・貯蓄／口座番号・記号番号

税理士署名押印 電話番号　－　－　㊞
税理士法第30条の書面提出有　税理士法第33条の2の書面提出有

整理欄

←復興特別所得税額の記入をお忘れなく。

「申告書A（第二表）」の記入例
サラリーマンの還付用の申告書の書き方

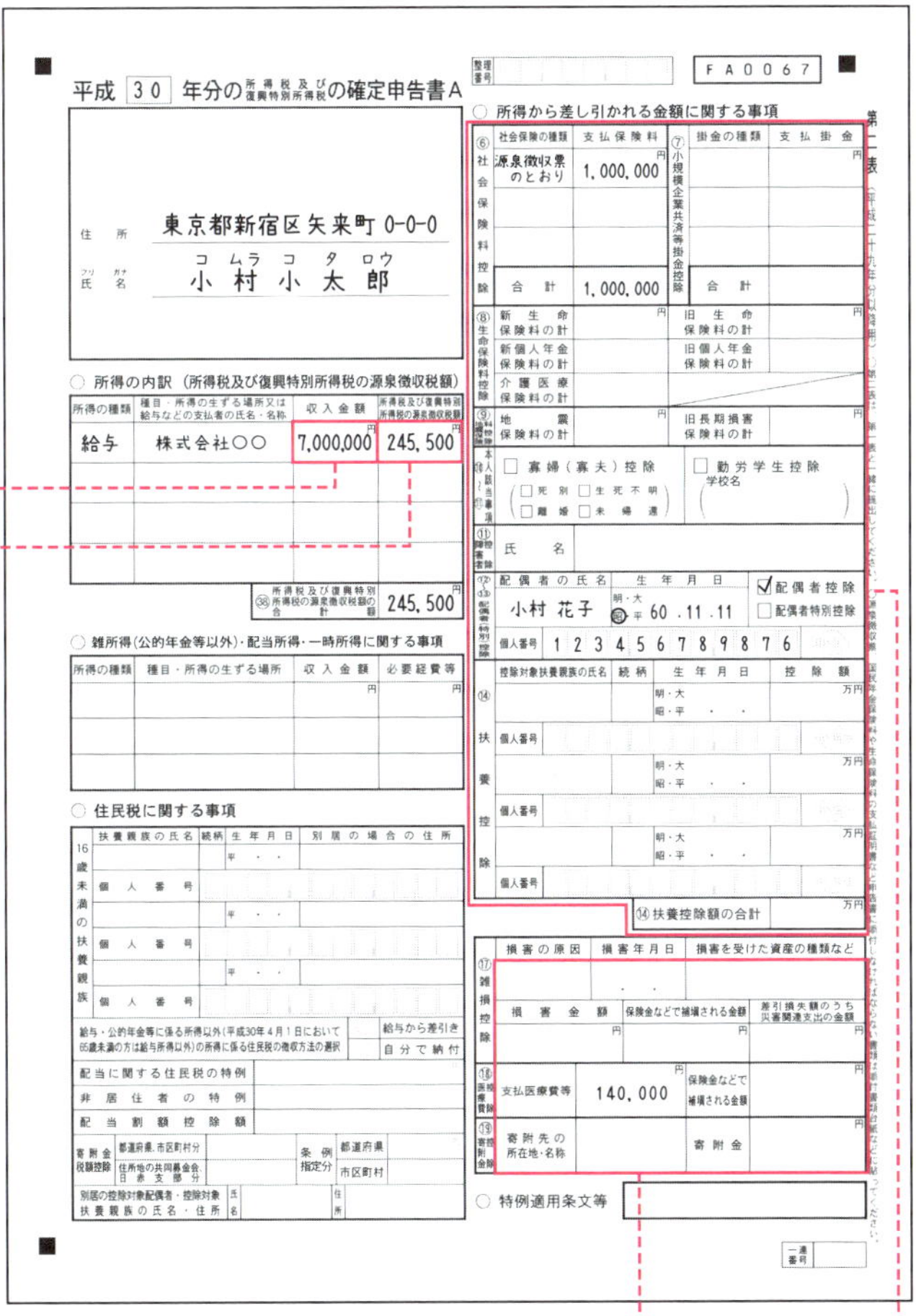

❶ 源泉徴収票の「支払金額」を転記する。

❷ 源泉徴収票の「源泉徴収税額」を転記する。

❸ 適用を受ける所得控除について明細を記入する。

❹ 雑損控除、医療費控除、寄附金控除を受ける場合は明細を記入する。

書式は変更する場合があります

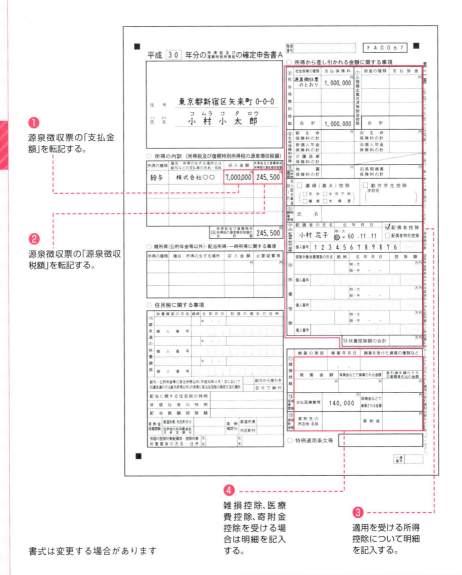

●著者略歴
大村大次郎（おおむら・おおじろう）
大阪府出身。元国税調査官。国税局で10年間、主に法人税担当調査官として勤務し、退職後、経営コンサルタント、フリーライターとなる。執筆、ラジオ出演、フジテレビ「マルサ!!」の監修など幅広く活躍中。主な著書に『ほんとうは恐ろしいお金のしくみ』『相続税を払う奴はバカ！』『お金で読み解く明治維新』『アメリカは世界の平和を許さない』『99%の会社も社員も得をする給料革命』『世界が喰いつくす日本経済』『ブッダはダメ人間だった』『「見えない」税金の恐怖』『完全図解版　あらゆる領収書は経費で落とせる』『税金を払う奴はバカ！』（以上、ビジネス社）、『「金持ち社長」に学ぶ禁断の蓄財術』『あらゆる領収書は経費で落とせる』『税務署員だけのヒミツの節税術』（以上、中公新書ラクレ）、『税務署が嫌がる「税金０円」の裏ワザ』（双葉新書）、『無税生活』（ベスト新書）、『決算書の９割は嘘である』（幻冬舎新書）、『税金の抜け穴』（角川oneテーマ21）など多数。

完全図解版　税務署員だけのヒミツの節税術

2019年１月１日　　第１刷発行

著　　者　大村　大次郎
発 行 者　唐津　隆
発 行 所　株式会社ビジネス社
〒162-0805　東京都新宿区矢来町114番地
神楽坂高橋ビル５階
電話 03(5227)1602　FAX 03(5227)1603
http://www.business-sha.co.jp

カバー印刷・本文印刷・製本/半七写真印刷工業株式会社
〈カバーデザイン〉中村聡　〈本文デザイン〉茂呂田剛（エムアンドケイ）
〈編集担当〉本田朋子　〈営業担当〉山口健志

ISBN978-4-8284-2067-7

大村大次郎の本

税金を払う奴はバカ！

搾取され続けている日本人に告ぐ

定価　本体１０００円＋税
ISBN978-4-8284-1758-5

脱税ギリギリ!?

元国税調査官が教えるサラリーマン、中小企業主、相続人のマル秘節税対策! こんな国には税金を払わなくていい!

99％の会社も社員も得をする給料革命

節税を超える最強会計スキーム

定価　本体１１００円＋税
ISBN978-4-8284-1982-4

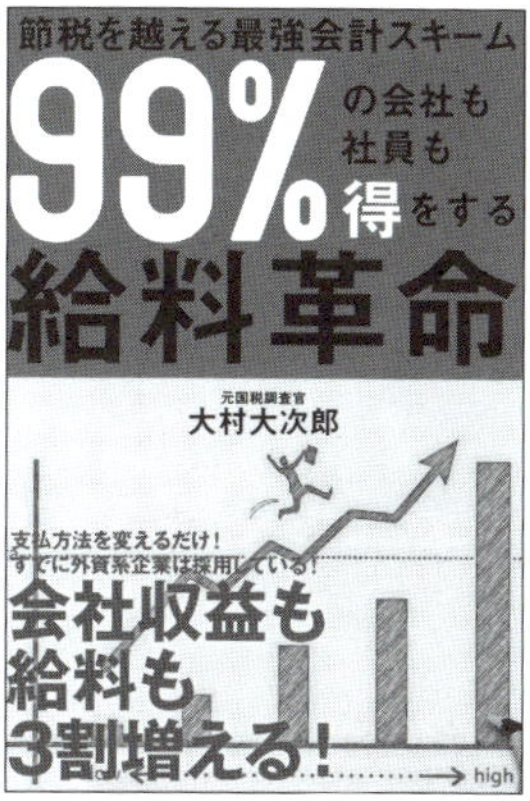

会社収益も給料も３割増える！

支払方法を変えるだけ！　すでに外資系企業は採用している！会社も社員もうれしい「給料オプション制」の導入を！

世界が喰いつくす日本経済

なぜ東芝はアメリカに嵌められたのか

定価　本体１３００円＋税
ISBN978-4-8284-1973-2

次は日産と神戸製鋼？

東芝、タカタ、シャープ……アメリカに嵌められ、中国に盗まれる日本企業の末路とは。日本企業は世界戦略をなぜ見誤ったのか？　貿易黒字に固執した日本の敗因とはなにか？　今の日本に必要なのは経済成長ではなく、経済循環である！

元国税調査官が明かす【最強の財テク術】

得する確定拠出年金

定価　本体１０００円＋税
ISBN978-4-8284-1914-5

月5000円からの積立で誰でも「三重の節税」「資産」「年金」ができる！

最大のメリットは、かつてないほど節税効果が高いこと。初めて投資をする人が確定拠出型年金を賢く利用して、納税リスクを減らすための手引書としての一冊。

ビジネス社の本

ほんとうは恐ろしいお金（マネー）のしくみ

日本人はなぜ金持ちになれないのか

大村大次郎……著

自転車操業と化した資本主義の不都合な真実

定価　本体１３００円＋税

ISBN978-4-8284-2063-9

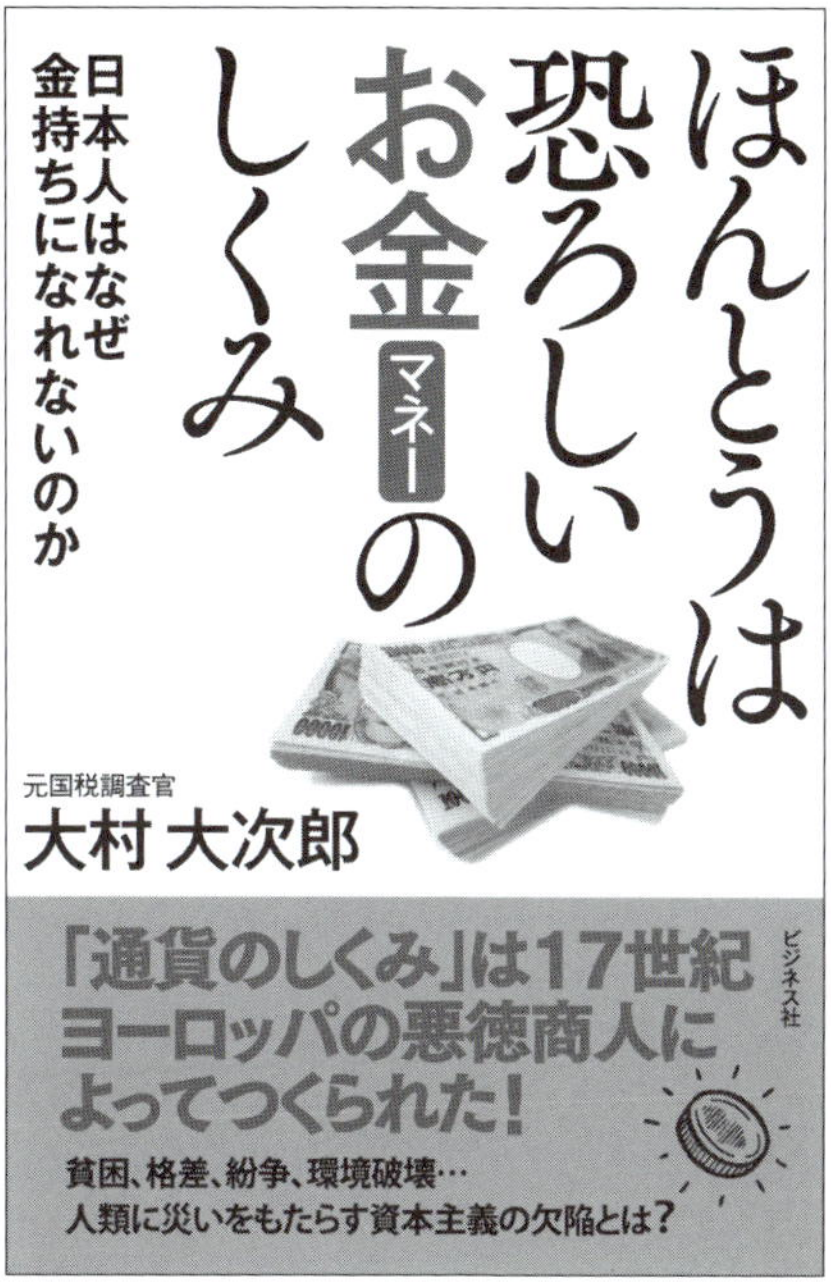

「通貨のしくみ」は17世紀ヨーロッパの悪徳商人によって作られた！
貧困、格差、紛争、環境破壊……
人類に災いをもたらす資本主義の欠陥とは？

本書の内容

第１章　「お金の仕組み」は欠陥だらけ
第２章　信じられないほどいい加減な「お金の成り立ち」
第３章　現代の紙幣はただの紙切れ
第４章　「お金の欠陥」と「日本のデフレ」の関係
第５章　〝国連版仮想通貨〟の発行を

ビジネス社の本

相続税を払う奴はバカ！

本当の金持ちは税金など払わない

大村大次郎……著

定価　本体1400円＋税
ISBN978-4-8284-2053-0

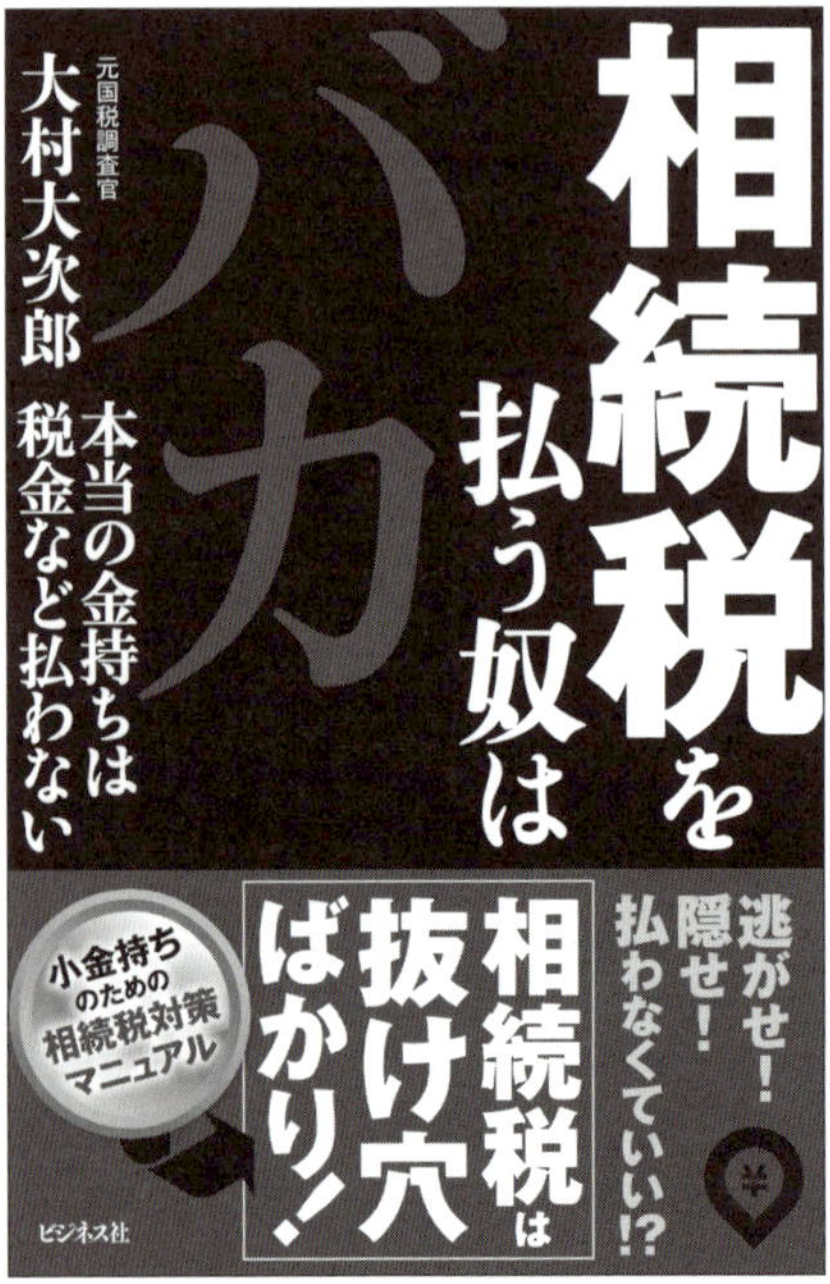

小金持ちのための相続税対策マニュアル

逃がせ！隠せ！
払わなくていい!?
相続税は抜け穴ばかり！

本書の内容